COMPAGNIE FRANÇAISE

DES

CHEMINS DE FER DE L'INDOCHINE ET DU YUNNAN

CONVENTIONS

avec

le Gouvernement Français, le Ministère des Colonies,

le Gouvernement de l'Indochine, le Gouvernement Chinois

et les Administrations Indochinoises et Chinoises.

HANOI-HAIPHONG

Imprimerie d'Extrême-Orient

1924

COMPAGNIE FRANÇAISE

DES

CHEMINS DE FER DE L'INDOCHINE ET DU YUNNAN

CONVENTIONS

avec

le Gouvernement Français, le Ministère des Colonies,
le Gouvernement de l'Indochine, le Gouvernement Chinois
et les Administrations Chinoises.

RÉPERTOIRE

CHAPITRE I

Conventions et Avenants avec le Gouvernement français approuvés par le Parlement.

CHAPITRE II

Actes du Gouvernement Général de l'Indochine et Conventions avec les Administrations Indochinoises.

I. — **Gouvernement Général et Travaux Publics.**

II. — Postes — Télégraphes — Téléphone.

CHAPITRE III

Conventions avec le Gouvernement Chinois et les Administrations Chinoises.

I. — **Gouvernement Chinois.**

II. – Administration des Douanes Chinoises.

III. — Administration des Postes chinoises.

CHAPITRE I

CONVENTIONS ET AVENANTS AVEC LE GOUVERNEMENT FRANÇAIS APPROUVÉS PAR LE PARLEMENT

CONVENTION DE CONCESSION

DU 15 JUIN 1901

A. — Exposé des motifs de la Loi du 5 juillet 1901.

Messieurs,

Aux termes des accords intervenus entre le Gouvernement de la République française et le Gouvernement chinois, les 9 et 10 avril 1898, la Chine concède à la France le droit de construire, directement ou par l'intermédiaire d'une société française, un chemin de fer allant de la frontière du Tonkin à la capitale du Yunnan.

La clause relative à cette concession est ainsi conçue :

« Le Gouvernement chinois accorde au Gouvernement français, ou « à la compagnie française que celui-ci désignera, le droit de construire « un chemin de fer allant de la frontière du Tonkin à Yunnan-fou, le « Gouvernement chinois n'ayant d'autre charge que de fournir le ter- « rain pour la voie et ses dépendances. Le tracé de cette ligne est étu- « dié en ce moment et sera ultérieurement fixé d'accord avec les deux « Gouvernements. Un règlement sera fait d'accord. »

A la suite des premières études entreprises au Yunnan, par le service des Travaux Publics du Gouvernement Général de l'Indo-Chine, le Gouvernement français proposait aux Chambres de donner à notre Colonie l'autorisation de traiter directement avec une compagnie française pour la construction et l'exploitation de la ligne de chemin de fer devant aboutir à Yunnan-Sen, en prolongement du réseau indo-chinois.

Cette autorisation, accordée par le Parlement, fait l'objet de l'article 3 de la loi du 25 décembre 1898, relative aux chemins de fer de l'Indo-Chine, dont voici le texte :

« Art. 3. — Le Gouvernement Général de l'Indo-Chine est autorisé à « accorder une garantie d'intérêts à la compagnie qui serait conces- « sionnaire de la ligne du chemin de fer de Laokay à Yunnan-sen et « prolongements, sans que le montant annuel puisse excéder trois « millions de francs (3,000,000 fr.) et leur durée soixante-quinze ans.

« Le versement des sommes que le Gouvernement Général de l'In-
« do-Chine pourrait être appelé à fournir, en vertu du paragraphe
« précédent, à la compagnie concessionnaire, sera garanti par le Gou-
« vernement de la République Française.

« Les clauses et conditions de la convention à passer entre le Gou-
« verneur Général de l'Indo-Chine et la compagnie concessionnaire
« seront approuvées par une loi. »

D'autre part, l'article 2 de la loi du 25 décembre 1898 autorise la construction de lignes de chemin de fer en Indo-Chine, entre autres de la ligne de Haïphong à Hanoï et à Laokay, et stipule que l'exploitation de ces lignes pourra être concédée dans les conditions suivantes :

« Art. 2. . . . .

« L'exploitation de tout ou partie des lignes désignées au présent
« article pourra être concédée pour une durée limité par le Gouver-
« neur Général de l'Indo-Chine.

« Les conventions réglant les conditions de l'exploitation ne
« deviendront définitives qu'après avoir été ratifiées par une loi. La
« ratification devra être demandée dans le délai de six mois à dater
« du jour de la signature de la convention. »

Les articles 4 et 5 de la même loi renferment des dispositions générales, applicables au chemin de fer du Yunnan comme aux chemins de fer de l'Indochine, qui sont ainsi conçues :

« Art. 4. Tout le matériel destiné à l'exploitation des lignes à
« concéder en vertu de la présente loi et tous les matériaux nécessaires
« à leur construction, qui ne se trouveront pas dans le pays, devront
« être d'origine française et devront être transportés sous pavillon
« français.

« Art. 5. Les actes susceptibles d'enregistrement auxquels donnera
« lieu l'exécution des dispositions de la présente loi seront passibles
« du droit fixe de trois francs (3 fr.). »

C'est en exécution des dispositions de la loi du 25 décembre 1898 que le Gouverneur Général de l'Indo-Chine a conclu, le 15 juin courant, la convention dont les clauses et conditions sont présentement soumises à l'approbation des Chambres, et qui comprend la concession de la construction et de l'exploitation de la ligne de chemin de fer de Laokay à Yunnan-sen et la concession de l'exploitation de la ligne de Haïphong à Hanoï et Laokay.

Les bases de la convention sont les suivantes :

Le concessionnaire construit à ses frais, risques et périls, la ligne du chemin de fer de Lao-kay à Yunnan-sen, sur une longueur de 468 kilomètres environ ;

Il lui est fait remise par le Gouvernement Général de l'Indo-Chine, en état de réception, du chemin de fer de Haïphong à Lao-kay, directement construit par la Colonie et dont la longueur est d'environ 385 kilomètres ;

La ligne totale, de Haïphong à Yunnan-sen, est concédée pour une durée de soixante-quinze ans, pour être exploitée aux frais et risques du concessionnaire, avec partage des bénéfices entre celui-ci et l'Indochine ;

Le capital de construction du Chemin de fer du Yunnan et d'exploitation de la ligne entière est évalué à cent un millions (101.000.000) de francs ; il est ainsi constitué :

Capital actions de la société concessionnaire. .	12.500.000 fr.
Subvention de l'Indochine.	12.500.000
Obligations garanties, dans la limite d'une annuité de 3 millions et dans les conditions de l'article 3 de la loi du 25 décembre 1898, environ	76.000.000
Soit, un total de.	101.000.000 fr.

La convention ainsi conclue par le Gouverneur Général de l'Indochine et le cahier des charges qui est annexé ont été soumis à l'examen du Comité consultatif des Travaux Publics aux Colonies qui, dans sa séance du 17 juin, a donné un avis favorable à leur adoption.

I

Pour arriver à satisfaire aux dispositions de l'article 3 de la loi du 25 décembre 1898, relatives à l'exécution du chemin de fer de Lao-kay à Yunnan-sen et à ses prolongements éventuels, le Gouvernement Général de l'Indochine a fait procéder aux études complètes de la ligne jusqu'à Yunnan-sen. Le Service des Travaux Publics au Yunnan, composé d'ingénieurs, d'officiers et de conducteurs, et placé sous la direction de M. Guillemoto, Ingénieur en Chef des Ponts et Chaussées et

Directeur Général des Travaux Publics de l'Indochine, a pu poursuivre et achever les études du chemin de fer et commencer les travaux préparatoires à sa construction, jusqu'au jour où les événements dont la Chine a été récemment le théâtre ont amené le Gouvernement à les faire interrompre.

D'autre part, les grands établissements financiers français, qui ont fait, en janvier 1897, la première émission de l'emprunt de 200 millions pour la construction des chemins de fer indochinois, s'étaient réunis en un consortium pour prendre éventuellement la concession du chemin de fer de Yunnan-sen et envoyer une mission technique chargée de faire l'étude de la ligne, concurremment avec les ingénieurs de la Colonie.

L'examen comparatif des deux études a permis de dresser un projet qui a donné une évaluation suffisamment serrée des dépenses de construction proprement dites du chemin de fer. La discussion entre le Gouvernement Général de l'Indo-Chine et le consortium a porté sur les sommes demandées pour couvrir les frais généraux et les aléas présumés de l'entreprise. *Du reste, une précision absolue n'était pas nécessaire, du moment où il s'agissait de la construction d'une ligne par la Société qui aurait à l'exploiter pendant une durée de 75 ans.* L'intérêt de la Société peut être d'améliorer les conditions d'établissement de la ligne et, par suite, d'augmenter le prix de construction pour obtenir une exploitation plus facile et moins coûteuse, la construction comme l'exploitation devant se faire à ses risques et périls.

Les concessionnaires ont déclaré, au cours des pourparlers qui ont précédé la signature de la convention, qu'ils avaient pris pour base de leurs arrangements avec les constructeurs une évaluation de la ligne s'élevant à 95 millions de francs.

Ces dires ont été confirmés dans la lettre suivante adressée au Gouverneur Général de l'Indochine :

Paris, le 15 juin 1901.

« Monsieur le Gouverneur Général,

« Les Etablissements de Crédit ayant fait partie du consortium d'étude du chemin de fer du Yunnan, et qui ont décidé de constituer la Société concessionnaire chargée de réaliser ce projet, croient nécessaire — au moment de signer la convention relative au chemin de fer de Haïphong à Yunnan-sen — de vous renouveler les indications qu'ils ont eu l'occasion de vous donner verbalement au cours des négociations, au sujet de leurs intentions concernant l'exécution de cette entreprise.

« Ainsi que nous vous l'avons fait connaître, les Établissements de Crédit désirent ne pas se séparer des Maisons de construction faisant partie du consortium, avec lesquelles ils ont organisé la mission technique dont les conclusions forment la base du projet. La Société concessionnaire, qui sera constituée par les soins de ces Établissements, confiera donc à une Société de travaux, formée par les Maisons de construction avec le concours de plusieurs de ces Établissements, l'exécution des travaux dans les conditions prévues dans la convention et au cahier des charges y annexé, et cela moyennant un prix forfaitaire de 95 millions, résultant des conclusions de la mission technique.

« D'autre part, la Société concessionnaire, pour s'assurer les fonds nécessaires pour la construction au moyen des obligations que la convention l'autorise à créer, aura à passer, avec le groupe des Établissements de Crédit qui participent à la constitution de la Société, des arrangements assurant à cette dernière le produit net de 76 millions qu'elle est tenue de mettre à la disposition du Gouvernement Général.

« Veuillez agréer, Monsieur le Gouverneur Général, les assurances de notre haute considération.

Banque de l'Indochine,
Signé : HOMBERG, SIMON.

Comptoir National d'Escompte,
Signé : MERCET, ROSTAND.

Société Générale,
Signé : BARON HELY D'OISSEL.

Crédit Industriel,
Signé : DESVAUX.

II

La longueur de la ligne à construire, de Laokay à Yunnan-sen, est de 468 kilomètres, en nombre rond.

Elle suit le Fleuve Rouge sur 65 kilomètres, escalade, par la vallée du Sin-Chien-Ho, la falaise du plateau du Yunnan jusqu'à Mongtze, sur 110 kilomètres et 1,500 mètres de hauteur (en négligeant une descente de 300 mètres sur Mongtze), et parcourt ce plateau jusqu'à Yunnan-sen, pendant 303 kilomètres.

Ce dernier parcours est loin d'être horizontal : les 120 premiers kilomètres entre Mongtze et Kouan-I présentent la forme d'un dos d'âne de 500 mètres de haut. Ils sont situés, en entier, dans le bassin du Si-Kiang ou rivière de Canton ; mais la ligne passe d'un affluent, le Lin-Gan-Ho, dans le Si-Kiang lui-même, en franchissant un faite secondaire qui constitue le dos d'âne de 500 mètres.

Les 183 kilomètres suivants affectent la forme d'une marche d'escalier, également de 500 mètres de hauteur. La montée de la marche est constituée par le cours du Si-Kiang, le palier par la plaine de Yunnansen qui appartient au bassin du Yang-Tsé-Kiang ou Fleuve Bleu.

Le profil en long des 468 kilomètres de la ligne peut donc se décrire assez facilement :

1o Une rampe douce sur les 65 kilomètres du Fleuve Rouge ;

2o La rampe maxima, de 25 millimètres, sur 100 kilomètres et 1,500 mètres de hauteur ;

3o Un dos d'âne de 120 kilomètres de longueur et 500 mètres de hauteur ;

4o Une marche d'escalier de 183 kilomètres de longueur et 500 mètres de hauteur.

Les deux premières parties sont montagneuses ; dans la première, on rencontre des gneiss et des schistes ; dans la seconde, des schistes et des calcaires ; ces terrains sont caractérisés par des pentes transversales excessivement fortes et des accidents à angles très aigus. Ils nécessitent pour le chemin de fer des rayons de courbes aussi petits que possible et une étude détaillée des profils en travers qui absorbent beaucoup plus de terrassements et comportent beaucoup plus de maçonneries qu'on ne le croirait à la seule inspection du profil en long.

Les deux autres parties, c'est-à-dire celles situées sur le plateau du Yunnan, le dos d'âne et la marche d'escalier, sont alternativement dans des gorges en grès ou en calcaire qui présentent toutes les difficultés du Fleuve Rouge et du Sin-Chien-Ho, ou dans les plaines encore accidentées mais beaucoup plus faciles, cultivées en rizières, et dont le sol est une argile avec laquelle les Chinois fabriquent des poteries.

Le rayon minimum des courbes est de 50 mètres, sur une longueur de 100 kilomètres, dans la montée du Sin-Chien-Ho ; partout ailleurs il est de 100 mètres, ce qui est aussi le minimum adopté pour les lignes du Tonkin. La rampe maximum est de 25 millimètres ; mais cette rampe n'est employée que par tronçons limités qui pourront être franchis par la double traction ; en dehors de ces tronçons, la plus forte déclivité est de 15 millimètres.

Il n'y a eu, nulle part, besoin de recourir à des lacets avec rebroussements pour escalader les divers gradins énumérés ci-dessus. Le faîte qui précède la plaine de Yunnan-sen a été franchi avec un seul limaçon.

Ces conditions d'établissement donneront lieu à une exploitation assez coûteuse, mais très pratiquement faisable et permettant d'envisager le développement du trafic qui doit résulter de la réouverture des mines du Yunnan.

III

La dépense de construction de la ligne étant évaluée par les concessionnaires à 95 millions de francs, les frais de constitution de la Société, les frais généraux pendant la construction, le fonds de roulement de l'exploitation etc. . . montant à un total de 6 millions, le capital nécessaire à la Société est de 101 millions.

L'annuité de 3 millions, prévue par l'article 3 de la loi du 25 décembre 1898, permet de gager, au cours actuel des fonds publics, des obligations garanties pour une somme de 76 millions de francs environ.

Il n'a pas paru possible, dès l'abord, de demander à la Société de constituer un capital-actions égal à la différence, soit 25 millions de francs, et l'intervention de l'Indochine, par une subvention prélevée sur les fonds dont elle dispose, a été admise en principe. C'est sur le chiffre seul de cette subvention que la discussion a porté avec le consortium, et il a été finalement convenu que la subvention serait de 12.500.000 francs. Le montant des actions de la Société a été, par conséquent, fixé à la même somme de 12.500.000 francs.

Ce capital-actions supportera les aléas de la construction et de l'exploitation du chemin de fer.

L'exploitation de la ligne, en territoire chinois, peut n'être pas fructueuse au début. Au contraire, les lignes du delta du Tonkin, et en particulier la ligne de Haiphong à Hanoi, doivent donner, dès leur mise en service, des recettes importantes.

Dans le but de permettre la compensation des insuffisances possibles d'exploitation du chemin de fer de Laokay à Yunnan-sen par les bénéfices que doit procurer l'exploitation de son prolongement sur le territoire du Tonkin, autant d'ailleurs que pour donner à la Société des chemins de fer du Yunnan un débouché sur la mer, l'exploitation de la ligne de Laokay à Haiphong a été jointe à l'exploitation de la ligne de Yunnan-sen, pour faire l'objet d'une concession unique. Il a été possible, ainsi, d'imposer à la Société de faire l'exploitation de la ligne totale à ses risques et périls.

Le chemin de fer de Haiphong à Laokay, directement construit par la Colonie, sera livré au concessionnaire, en état de réception, au fur et à mesure que les sections en seront achevées. Il a une longueur totale de 383 kilomètres et le prix en est évalué à 50 millions de francs.

La section de Haïphong à Hanoï est en voie d'achèvement ; elle pourra être ouverte à l'exploitation au commencement de l'année prochaine.

La section de Hanoï à Viétri (confluent du Fleuve Rouge et de la Rivière Claire) sera achevée quelques mois plus tard.

Les travaux de la section de Viétri à Laokay ont été adjugés, en un seul lot, au mois de mai dernier.

IV

Il paraît difficile d'apprécier ce que sera le trafic du chemin de fer de Haïphong à Yunnan-sen quand les richesses naturelles du Yunnan auront été mises en valeur et que les marchandises, en provenance ou à destination des provinces voisines, prendront la voie nouvelle, plus courte et plus sûre.

Mais, avec les seuls éléments que l'on possède à l'heure actuelle, il a été possible au service des Travaux Publics de l'Indo-Chine, d'évaluer le trafic probable de la ligne.

Voici le résumé de ces évaluations :

TRAFIC PROBABLE DU CHEMIN DE FER

La ligne de Haïphong à Yunnan-sen peut être partagée, au point de vue de l'importance et de la nature du trafic, en cinq sections :

1o De Haïphong à Hanoï ;
2o De Hanoï à Yenbay ;
3o De Yenbay à Laokay ;
4o De Laokay à Mongtze ;
5o De Mongtze à Yunnan-sen.

Chacune de ces sections aura un trafic local et un trafic de transit,

A. — TRAFIC LOCAL

La section de Haïphong à Hanoï peut être assimilée à celle, aujourd'hui en exploitation de Hanoï à Phu-Lang-Thuong, et son trafic local sera, dès le début, de 10,000 francs par kilomètre. Celle de Hanoï à Yenbay, par comparaison à la section de Phu-Lang-Thuong à Langson du chemin de fer de Hanoï au Quang-si, aura 2,500 fr. de recettes par kilomètre. De Yenbay à Laokay, la recette kilométrique sera de 1,500 francs ; de Laokay à Mongtze, on peut prévoir ce même chiffre de 1,500 francs ; de Mongtze à Yunnan-sen, le trafic local sera de 3,500 francs.

B. — TRAFIC DE TRANSIT

Il passe actuellement, en douane de Mongtze, 15,000 tonnes, qui sont en provenance ou à destination du Yunnan. Des évaluations serrées ont porté à 40,000 le tonnage après l'établissement du chemin de fer. Comptons seulement sur 20,000 tonnes, dont 6,000 à destination de Yunnan-sen et des au-delà. Le reste, soit 14,000 tonnes, continuant à être distribués par Mongtze.

On peut compter que ce transit sera augmenté de 20,000 tonnes, entre Haïphong et Hanoï, et de 5,000 tonnes entre Hanoï et Laokay.

Supposons que le prix de la tonne kilométrique soit de 0 fr. 10 entre Haïphong, Hanoï et Laokay, et 0 fr. 15 entre Laokay et Yunnan-sen.

Les prix de revient du transport de la tonne seront les suivants :

1o De Haïphong à Hanoï..... 100 kilom. à 0 fr. 10.... 10 francs.
2o De Hanoï à Yenbay...... 140 — à 0 10.... 14 —
3o De Yenbay à Laokay..... 150 — à 0 10.... 15 —
4o De Laokay à Mongtze..... 165 — à 0 15.... 25 —
5o De Mongtze à Yunnan-sen. 303 — à 0 15.... 45 —

Dans ces conditions, le trafic probable s'évalue comme suit :

NOMS DES SECTIONS	LONGUEURS	TRAFIC LOCAL		TRAFIC DE TRANSIT			TOTAL
		par km.	total	tonnage	prix unit	trafic	PAR SECTION
	km.	francs	francs	tonnes	francs	francs	francs
Haiphong à Hanoi . . .	100	10.000	1.000.000	40.000	10	400.000	1.400.000
Hanoi à Yênbay. . . .	140	2.500	350.000	25.000	14	350.000	700.000
Yênbay à Laokay . . .	150	1.500	225.000	25.000	15	375.000	600.000
Laokay à Mongtze . . .	165	1.500	247.500	20.000	25	500.000	747.500
Mongtze à Yunnan-Sen. .	303	3.500	1.060.500	6.000	45	270.000	1.330.500

soit, un trafic total, pour l'ensemble de la ligne de Haïphong à Yunnan-sen, de 4,778,000 francs, correspondant à une longueur de ligne en exploitation de 858 kilomètres et à une recette kilométrique moyenne voisine de 5,600 francs.

En adoptant 0,70 comme coefficient d'exploitation, le bénéfice sera des : 4,778,000 × 0,30 = 1,433,400 francs.

D'après l'article XI de la convention, la part de bénéfice de la Colonie serait d'environ 788,000 francs, et celle de la Société concessionnaire d'environ 644,000 francs.

V

En résumé, si l'établissent du chemin de Yunnan-sen impose, pour le présent, à notre colonie d'Indo-Chine, de lourds sacrifices, ces sacrifices se trouvent strictement limités, puisque la Société concessionnaire supporte les risques de la construction et de l'exploitation de la ligne qui lui est concédée. Pour l'avenir, les chances de voir diminuer les charges annuelles de la Colonie sont des plus sérieuses, sans parler du profit indirect qu'apportera à l'Indo-chine comme à la Métropole, l'ouverture de vastes régions à l'industrie et au commerce français.

Le Gouvernement vous prie, en conséquence, d'approuver les clauses et conditions de la convention conclue par le Gouverneur Général de l'Indo-Chine, en adoptant le projet de loi qu'il a l'honneur de vous présenter.

B. — Loi du 5 juillet 1901

ayant pour objet d'approuver la convention conclue par le Gouvernement Général de l'Indochine pour la construction partielle et l'exploitation du chemin de fer de Haiphong à Yunnansen.

Le Sénat et la Chambre des députés ont adopté.

Le Président de la République promulgue la loi dont la teneur suit :

Article premier. — Sont approuvées les clauses et conditions de la convention conclue, le 15 juin 1901, par le Gouvernement Général de l'Indochine pour l'exploitation de la ligne de chemin de fer de Haïphong à Yunnan-sen et la construction de la section de cette ligne comprise entre Yunnan-sen et Laokay.

Art. 2. — L'enregistrement de la convention annexée à la présente loi ne donnera lieu qu'à la perception du droit fixe de trois francs (3 fr.).

La présente loi, délibérée et adoptée par le Sénat et par la Chambre des députés, sera exécutée comme loi de l'Etat.

Fait à Paris, le 5 juillet 1901.

EMILE LOUBET.

Par le Président de la République :

Le Ministre des Colonies,
ALBERT DECRAIS.

Le Ministre des Finances,
J. CAILLAUX.

Le Ministre des Affaires Etrangères,
DELCASSÉ.

C. — Convention de concession du 15 juin 1901.

Entre :

Le Gouverneur Général de l'Indochine, agissant tant au nom du Gouvernement de la République Française qu'au nom de la Colonie d'Indo-Chine, et sous la réserve de l'approbation des présentes par une loi,

d'une part ;

La Banque de l'Indo-Chine, représentée par M. Homberg, son Vice-Président, et M. Simon, son Directeur, agissant en vertu d'une délibération du Conseil d'Administration, en date du 12 juin 1901,

Le Comptoir National d'Escompte de Paris, représenté par M. Mercet, son Vice-Président, et M. Rostand, son Directeur, agissant en vertu d'une délibération du Conseil d'Administration, en date du 12 juin 1901,

La Société Générale pour favoriser le développement du Commerce et de l'Industrie en France, représentée par M. le Baron Hély d'Oissel, son Vice-Président, agissant en vertu d'une délibération du Conseil d'Administration, en date du 12 juin 1901,

La Société Générale de Crédit Industriel et Commercial, représentée par M. Desvaux, son Directeur, agissant en verte d'une délibération du Conseil d'Administration, en date du 4 juin 1901,

d'autre part,

Il a été convenu ce qui suit :

Article premier

Le Gouverneur Général de l'Indochine,

Rétrocède la concession, faite à la France par la Chine, dans la Convention en date du 10 avril 1898, du chemin de fer de Laokay à Yunnan-sen,

Et concède :

1o Le chemin de fer de Haïphong-Ville à Laokay,

2o Le chemin de fer de raccordement à établir ultérieurement entre Haïphong-Ville et la gare maritime ;

à la Banque de l'Indochine, la Société Générale pour favoriser le développement du Commerce et de l'Industrie en France, le Comptoir National d'Escompte de Paris et la Société Générale de Crédit Industriel et Commercial,

qui acceptent lesdites rétrocession et concession.

La section de Laokay à Yunnan-sen sera construite par les concessionnaires, conformément aux dispositions de l'article 5 ci-après.

La section de Haiphong-Ville à Laokay sera construite par la Colonie, conformément aux dispositions de l'article 4.

La section de Haiphong-Ville à la gare maritime sera construite par la Colonie en même temps que la dite gare maritime, et remise au concessionnaire.

L'ensemble des deux ou des trois sections fera l'objet d'une d'exploitation unique.

Article 2.

Les conditions dans lesquelles le chemin de fer sera construit et exploité sont définies par le Cahier des Charges annexé à la présente Convention.

Article 3

Les concessionnaires s'engagent à constituer, dans le délai de trois mois à dater de l'approbation de la présente Convention par une loi, une Société Anonyme, au capital de 12.500.000 francs, qui leur sera substituée dans tous les droits et obligations résultant de ladite Convention.

Cette Société sera constituée sous le régime de la loi française et les membres de son Conseil d'Administration devront être Français.

La Société ne pourra, sans l'autorisation du Gouverneur Général de l'Indo-Chine, engager directement ou indirectement son capital dans aucune entreprise autre que la construction et l'exploitation du Chemin de fer de Haïphong à Yunnan-Sen.

Article 4

La section du Chemin de fer de Haiphong à Yunnan-Sen, comprise entre Haiphong-ville et Lao-kay, sera construite par la Colonie et à ses frais ; elle sera remise à la Société en état de réception, avec toutes les installations et tous les outillages nécessaires, dans les délais ci-après :

La section de Haïphong à Hanoï, avant le 1er avril 1903,

La section de Hanoi à Lao-kay, avant le 1er avril 1905.

Le matériel roulant, dont la consistance est définie par l'état A annexé à la présente Convention, sera fourni par la Société et lui sera payé aux prix unitaires et conditions mentionnés audit état.

La Société construira, et installera, à ses frais, les ateliers ; elle fournira l'outillage et le mobilier de stations et l'outillage d'entretien de la voie, le tout moyennant une somme de 2.000 francs par kilomètre qui sera payée par la Colonie, dans le mois qui suivra l'ouverture à l'exploitation de chaque section.

Le matériel de voie restant encore à adjuger pour la section de Viétri à Lao-kay sera fourni par le concessionnaire aux époques fixées par la Colonie et à des prix qui ne pourront, dans aucun cas, être supérieurs aux prix des adjudications qui vont avoir lieu pour le matériel de la ligne de Ninh-Binh à Vinh. Il est donné au concessionnaire un délai d'un mois, à partir du jour de ces adjudications, pour faire savoir au Gouverneur Général s'il accepte les prix ainsi fixés ou s'il renonce à la fourniture.

Article 5

La section du Chemin de fer comprise entre Laokay et Yunnan-Sen sera construite, à ses frais, risques et périls, par la Société qui devra la pourvoir du matériel roulant qu'elle jugera nécessaire à l'exploitation à ses débuts, moyennant :

1o — Une subvention de 12.500.000 francs, payée en espèces par la Colonie ;

2o — Pendant 75 ans, une garantie d'intérêt de 3 millions de francs, allouée par la Colonie à la Société concessionnaire, dans les conditions prévues par l'article 3 de la loi du 25 décembre 1898.

La Société aura toute liberté pour assurer la construction de la ligne, par les moyens ou systèmes de son choix, dans les limites des prescriptions du cahier des charges annexé à la présente Convention.

Article 6

La garantie d'intérêt de 3 millions, allouée par la Colonie, sera affectée par privilège au service de l'intérêt et de l'amortissement des obligations émises par la Société.

La Colonie s'engage à assurer directement, à défaut de la Société, le service des emprunts privilégiés gagés sur cette annuité.

En cas de déchéance du concessionnaire, la Colonie ne sera tenue d'assurer que le service des obligations garanties.

Article 7

Aussitôt que la substitution de la Société aux concessionnaires aura été autorisée par le Gouverneur Général et que les actions auront été libérées du quart, la Société pourra émettre, en une ou plusieurs fois, des obligations garanties, du type 3 p. °/o, amortissables en 75 ans, jusqu'à concurrence du capital nominal correspondant à l'intérêt garanti.

Le produit des émissions, qui ne pourra être inférieur à 76 millions, recevra les emplois autorisés par le Gouverneur Général, sur la proposition de la Compagnie, jusqu'à l'époque où celle-ci devra en disposer pour le règlement des situations mensuelles, ainsi qu'il est dit aux articles 8 et 9 ci-après.

Article 8

La Société notifiera au Gouverneur Général, avant le début des travaux, une série de prix qui servira de base à l'établissement des situations mensuelles.

Pour déterminer, chaque mois, le montant des payements et prélèvements auxquels elle aura droit, la Société remettra au Directeur Général des Travaux Publics de l'Indo-Chine, dans les quinze premiers jours du mois suivant, un état de situation des travaux et fournitures à contrôler en Chine ou en Indo-Chine, dressé d'après la série de prix mentionnée ci-dessus.

La Société remettra en même temps à l'Inspection Générale des Travaux Publics des Colonies, à Paris :

1o — Un état de situation, dressé d'après la même série de prix, pour les travaux ou fournitures à contrôler en France ;

2o — Un état comprenant les frais d'études et de mission préliminaires, les frais de constitution de la Société, les intérêts à 4 p. o/o sur la partie versée d'un capital-actions de 12.500.000 francs, l'abonnement au timbre des actions et obligations et les frais généraux d'administration de la Société, à Paris, sans que ces frais généraux puissent dépasser 15.000 francs par mois.

Sur la vérification sommaire desdits états, le Gouverneur Général de l'Indo-Chine arrêtera le montant total des situations mensuelles.

Article 9

La subvention en capital de la Colonie sera payée à la fin de chaque mois, à Hanoï, au fur et à mesure de l'exécution des travaux, de manière à couvrir le quart du montant de la situation du mois précédent, tant en France qu'en Chine et en Indo-Chine. Trois vingtièmes du montant des situations seront couverts, au moyen des versements effectués sur le capital-actions, jusqu'à concurrence de 7.500.000 francs. Le reste sera couvert au moyen des sommes réalisées par l'émission des obligations. Lorsque les dépenses ainsi payées auront atteint 50 millions de francs, le surplus sera couvert exclusivement au moyen du produit des obligations.

A défaut de payement aux dates indiquées, les sommes dues à la Société porteraient intérêt, à son profit, au taux de 3.85 p.o/o, de plein droit et sans mise en demeure, à dater de l'échéance, sous la seule condition que les états de situation aient été présentés à la date indiquée ci-dessus. Le retard des payements ne pourra excéder un mois après l'échéance.

L'intérêt garanti sera acquis à la Société au fur et à mesure de l'émission des obligations autorisées, comme il est dit à l'article 7 ci-dessus, et sera payable à Paris quinze jours avant l'échéance de chaque coupon, sous déduction des intérêts échus, avant cette date, des sommes employées conformément au paragraphe II du même article.

Article 10

La Société exploitera, à ses risques et périls et par les moyens et systèmes de son choix, la ligne entière de Haïphong à Yunnan-Sen, moyennant prélèvement annuel, sur les recettes, des sommes indiquées ci-après :

1o — Une somme destinée à couvrir les dépenses d'entretien et d'exploitation de la ligne, calculée d'après la formule ci-après :

$$1.000\,L + R/4 + 0{,}60\,T + 0{,}025\,M + 0{,}003\,V$$

dans laquelle L représente la longueur totale de la ligne ouverte à l'exploitation exprimée en kilomètres ; R, la recette brute de l'exploitation, y compris toutes les recettes accessoires ; T, le parcours kilométrique des trains ; M, le nombre de tonnes kilométriques des marchandises taxées au poids ; V, le nombre de voyageurs kilométriques et d'animaux de la première catégorie ;

2o — Une somme, fixée à forfait à 400.000 francs, destinée à compléter la rémunération du capital-actions et à couvrir les frais généraux de l'administration de la Société, y compris l'abonnement au timbre des actions et obligations.

Ce deuxième prélèvement ne sera effectué qu'après l'ouverture complète de la ligne à l'exploitation, les dépenses qu'il est destiné à couvrir devant être portées au compte d'établissement jusqu'à cette date, conformément à l'article 8 ci-dessus.

Moyennant ces prélèvements, la Compagnie sera tenue de faire face aux dépenses de toute nature nécessaires pour assurer la bonne marche du service. Elle devra couvrir, *notamment, l'intérêt* et *l'amortissement des capitaux* qui seront dépensés par elle, tant pour les travaux complémentaires qu'elle jugera nécessaires après l'ouverture à l'exploitation, que pour l'acquisition du matériel et de l'outillage supplémentaires exigés par le développement du trafic.

Article 11

Si, au début de l'exploitation, les recettes réellement faites et dûment justifiées ne suffisaient pas à couvrir la somme allouée à la Société d'après la formule, *les insuffisances pourraient être portées par elle, jusqu'à concurrence de deux millions de francs, à un compte d'attente* qui serait couvert ultérieurement par les produits nets de l'exploitation. *Au delà de deux millions elles resteraient à la charge de la Société.*

Lorsque les recettes excéderont les sommes allouées à la Société, l'excédent servira, avant toute autre affectation, à couvrir les insuffisances antérieures portées au compte d'attente mentionné au paragraphe précédent, sans intérêts. Lorsque ces arriérés auront été couverts, le surplus sera partagé entre la Société et la Colonie, dans les proportions ci-après :

Jusqu'à concurrence d'un excédent annuel d'un million de francs, moitié à la Société, moitié à la Colonie ;

Sur les deux millions suivants, un tiers à la Société deux tiers à la Colonie ;

Sur la fraction des excédents annuels dépassant trois millions, un quart à la Société, trois quarts à la Colonie.

Toutefois, les excédents, s'il s'en produit, seront, avant tout partage, versés, jusqu'à concurrence de deux millions, à un fonds de réserve spécial, destiné à couvrir l'insuffisance ultérieure des recettes, dans le cas où celles-ci ne suffiraient pas à parfaire les prélèvements autorisés au profit de la Société.

Lorsque, pendant cinq années consécutives, il n'aura été fait aucun prélèvement sur ce fonds de réserve, il sera réduit de moitié. Si pendant cinq autres années, il n'y est pas fait appel, il sera supprimé. Les sommes provenant de la réduction ou de la suppression du fonds de réserve seront ajoutées aux recettes nettes de la dernière des cinq années dont les résultats auront motivé cette réduction ou cette suppression, pour être partagées conformément aux dispositions ci-dessus.

Article 12

La part des bénéfices de l'exploitation attribuée à la Colonie viendra en déduction des intérêts dus par elle à la Société en vertu des articles 5 et 7 ci-dessus.

A cet effet, la Société présentera, avant le 15 mars de chaque année, au Gouverneur Général de l'Indochine, le compte provisoire des recettes de l'année précédente. La part des recettes revenant à la Colonie, d'après ce compte, sera divisée en deux parties égales, qui viendront en déduction des deux versements semestriels de l'année en cours.

Lorsque la part revenant à la Colonie excédera trois millions de francs, les neuf dixièmes de l'excédent seront versés par la Société à la Colonie avant le 31 mars. Le surplus sera versé lorsque le compte aura été définitivement arrêté.

Si, lors de la vérification définitive des comptes, il est reconnu que la part attribuée à la Colonie pour un exercice a été insuffisante, la Société devra restituer les sommes reçues ou retenues indûment avec les intérêts à 3 1/2 p. o/o à dater du jour de l'échéance.

Lorsque la part provisoirement attribuée à la Colonie sera reconnue supérieure à celle qui devait lui revenir, la Colonie restituera l'excédent, sans intérêts.

Article 13

La revision de la formule inscrite à l'article 10 ci-dessus pourra être demandée, après les cinq premières années d'exploitation de l'ensemble de la ligne, par l'une ou l'autre des parties. Dans ce cas il sera établi une nouvelle formule, calculée d'après les résultats de l'expérience et les besoins justifiés. En cas de désaccord, les coefficients de la nouvelle formule seraient arrêtés par trois arbitres, désignés : l'un par la Société, l'autre par le Gouverneur Général, le troisième par les deux premiers, et, à défaut d'accord, par le premier Président de la Cour d'Appel de Paris.

Une nouvelle revision pourra être faite dans les mêmes formes de dix en dix ans.

Article 14

Le Gouverneur Général s'engage à faire bénéficier le concessionnaire, en temps utile, des avantages accordés par le Gouvernement Chinois, suivant la Convention du 10 avril 1898 portant concession à la France du chemin de fer de Lao-kay à Yunnan-Sen.

Article 15

La Société aura le droit de faire circuler ses trains sur la ligne de Gia-Lam à Hanoï, rive droite, dans les conditions de péage et de tarifs prévues au cahier des charges. Pour l'application de la formule prévue à l'article 10, on fera entrer en compte la longueur réelle de cette section.

Article 16

Un arrêté du Gouverneur Général déterminera les formes dans lesquelles la Société devra justifier de ses recettes brutes et des données statistiques qui doivent entrer dans la formule d'exploitation.

Fait à Paris, 15 juin 1901.

Le Gouverneur Général de l'Indo-Chine,
Signé : Paul DOUMER.

Les Concessionnaires,

Banque de l'Indo-Chine.
Signé : HOMBERG, SIMON.

Comptoir National d'Escompte de Paris,
Signé : E. MERCET, ALEXIS ROSTAND.

Société Générale.
Signé : Baron HÉLY D'OISSEL.

Crédit Industriel.
Signé : DESVAUX.

D. — Cahier des Charges — Annexé à la Convention de Concession.

TITRE 1er
CONSTRUCTION

Article premier
Objet du cahier des charges.

Le présent cahier des charges a pour objet la construction et l'exploitation, dans les conditions stipulées par la convention du 15 juin 1901, d'un chemin de fer ayant son origine à la gare maritime de Haiphong et aboutissant à ou près Yunnan-Sen en passant par ou près Hanoi, Viêtri, Lao-kay, Mongtze et Sinn-hsinn.

Article 2

Approbation des projets.

Pour la partie du chemin de fer entre Lao-kay et Yunnan-Sen, la Société concessionnaire devra soumettre, en double expédition, au Gouverneur Général de l'Indo-Chine, dans un délai maximum de dix-huit mois, à partir de la date de la loi de concession, le projet d'exécution d'infrastructure de la section de Lao-kay à Mongtze. Le surplus des projets d'infrastructure sera présenté à raison d'au moins 150 kilomètres par an.

Ces projets comprendront :

1o — Un extrait de carte ;

2o — Un plan général, à l'échelle de 1/10.000e au moins, sur lequel seront indiqués les rayons des courbes ;

3o — Un profil en long, à l'échelle de 1/10.000e au moins pour les longueurs, et de 1/1.000e pour les hauteurs, indiquant les cotes de niveau du terrain et du Chemin de fer, ainsi que les déclivités de la voie ferrée ;

4o — Un tableau récapitulatif des paliers, pentes et rampes, des courbes et alignements, avec leur position kilométrique par rapport à l'origine de la ligne ;

5o — Les profils en travers types.

Les projets des types de voies et d'appareils de voies, de bâtiments des stations et haltes, ainsi que du matériel roulant, seront soumis à l'approbation du Gouverneur Général dans un délai maximum de six mois après l'approbation des projets d'exécution de l'infrastructure de la partie correspondante.

Les travaux ne pourront être entrepris qu'après l'approbation des projets par le Gouverneur Général.

Celle-ci devra être donnée dans un délai maximum de quatre mois après la présentation.

Avant, comme pendant l'exécution des travaux, la Société concessionnaire aura la faculté de proposer aux projets approuvés, les modifications qu'elle jugerait utiles ; mais ces modifications ne pourront être exécutées qu'après approbation du Gouverneur Général de l'Indo-Chine, s'il s'agit des dispositions d'ensemble de la ligne, et du Directeur Général des Travaux publics de l'Indo-Chine, s'il s'agit des dispositions de détail.

Les projets des ponts et viaducs dont l'ouverture entre culées dépassera 20 mètres, seront soumis à l'approbation du Gouverneur Général.

Les autres ouvrages pourront être exécutés sans approbation préalable.

ARTICLE 3

Délais d'exécution.

La Société concessionnaire exécutera les travaux au delà de la gare de Lao-kay, de façon que la partie comprise entre la gare de Lao-kay et Mongtze puisse être mise en exploitation dans un délai maximum de deux ans après l'ouverture à l'exploitation de la section de Haïphong à Lao-kay, et le surplus de la ligne, dans un délai de trois ans à partir de l'expiration du délai fixé ci-dessus pour l'ouverture à l'exploitation de la section de Lao-kay à Mongtze.

ARTICLE 4

Largeur de la voie et des entrevoies.

La largeur de la voie entre les bords intérieurs des rails sera de 1 mètre. Dans les parties à deux voies, la largeur de l'entrevoie sera telle qu'entre les parties les plus saillantes de deux véhicules qui se croisent, il y ait un intervalle libre d'au moins 50 centimètres.

ARTICLE 5

Rayons des courbes et déclivités.

Les alignements seront raccordés entre eux par des courbes dont le rayon ne pourra être inférieur à 75 mètres, sauf entre le Fleuve Rouge et Mongtze où ce rayon pourra descendre à 50 mètres. Il sera réservé, entre deux courbes successives, un alignement dont la longueur pourra descendre, en cas de nécessité, à 5 mètres entre les extrémités des raccordements paraboliques, sans que la distance entre les raccordements circulaires correspondants puisse être inférieure à 25 mètres.

La maximum des déclivités est fixé à 15 millimètres par mètre pour la partie comprise dans la vallée du Fleuve Rouge et à 25 millimètres par mètre au delà.

La rampe nette calculée par la formule $d + \frac{500}{r}$ ne dépassera pas 35 millimètres, d représentant dans cette formule la déclivité en millimètres, et r le rayon en mètres au même point du tracé.

Article 6

Dimensions du matériel roulant.

La largeur des caisses de véhicules ainsi que de leur chargement ne dépassera pas 2 m. 50, la largeur du matériel roulant et des locomotives, y compris toutes saillies, notamment celle des marche pieds latéraux, ne sera pas supérieure à 2 m. 80. La hauteur du matériel roulant, au-dessus des rails, ne dépassera pas 4. m. 20.

Article 7

Stations, haltes et points d'arrêt.

Des stations, des haltes ou des points d'arrêt, seront établis aux points énumérés dans le tableau B annexé au présent cahier des charges, conformément aux types qui seront arrêtés par le Gouverneur Général sur la proposition de la Société.

Ces emplacements pourront être modifiés et de nouvelles stations, haltes ou points d'arrêt, pourront être établis sur la proposition de la Compagnie, approuvée par le Gouverneur Général.

Le Gouverneur pourra, en outre, soit pendant, soit après la construction, imposer au concessionnaire la création de stations, haltes ou points d'arrêt supplémentaires, pourvu que cette création soit justifiée par des besoins commerciaux ou par la nécessité du maintien de l'ordre et de la sécurité dans le pays. Toutefois, il ne pourra exiger la création d'une station qu'entre deux stations distantes d'au moins 30 kilomètres, et la création d'une halte qu'entre deux stations ou haltes distantes d'au moins 15 kilomètres.

Article 8

Infrastructure.

La plate-forme des terrassements aura une largeur minimum de 4 m. 40.

On établira le long de la voie les fossés et rigoles nécessaires pour son assèchement. Des profils spéciaux pourront être autorisés par le Gouverneur Général, sur la proposition de la Compagnie, pour les tranchées dans le rocher.

Dans le cas où il y aurait lieu de construire des souterrains, leurs dimensions seraient au minimum de 4 m. 20 de largeur au niveau du rail et de 5 mètres de hauteur sous clef au-dessus du rail.

Le concessionnaire sera tenu de maintenir les communications existantes entre les deux côtés du chemin de fer, au moyen de passages par-dessus, par-dessous ou à niveau, suivant les dispositions qui seront approuvées par le Gouverneur.

Les passages par-dessus ou par-dessous ne seront employés qu'à titre exceptionnel et seulement dans le cas où le passage à niveau offrirait des inconvénients graves pour la traversée d'une route existante.

Article 9

Ecoulement des eaux.

Le concessionnaire sera tenu de rétablir et d'assurer à ses frais, pendant toute la durée de la concession, l'écoulement de toutes les eaux dont le cours aurait été suspendu, arrêté ou modifié par les travaux.

A la traversée des cours d'eau navigables et flottables, il sera tenu de réserver, pour ne pas entraver le batelage et le flottage, une hauteur de 4 mètre entre le niveau des plus hautes eaux navigables et le tablier du pont.

Article 10

Calculs et épreuves des ponts.

Les tabliers métalliques seront calculés et éprouvés dans les conditions fixées par le règlement du Ministère des Travaux Publics en date du 29 août 1891.

Article 11

Exécution des ouvrages d'art.

Les ouvrages d'art seront exécutés avec des matériaux de bonne qualité et suivant les règles de l'art, de manière à donner une construction solide, sous la responsabilité du concessionnaire ; celui-ci reste libre d'employer la chaux faite avec les calcaires du pays.

S'il est établi, pendant la construction, des ponts provisoires ou des estacades en charpente, ils devront être remplacés par des ouvrages définitifs en maçonnerie ou en métal dans un délai de deux ans à dater de l'ouverture à l'exploitation de la section correspondante.

Article 12

Terrains. — Extraction des matériaux.

Les terrains qui seront nécessaires pour l'exécution du chemin de fer et de ses dépendances directes en Indo-Chine seront mises gratuitement et en temps utile, par la Colonie, à la disposition du concessionnaire, sans que ce dernier ait aucune indemnité à payer aux locataires, usufruitiers ou ayants droit, quels qu'ils soient.

Le concessionnaire pourra, avec l'autorisation du Gouverneur Général, prendre sur les terres domaniales en Indo-Chine, le ballast, les pierres à bâtir et les bois qui seront nécessaires à l'exécution du chemin de fer. Il ne sera tenu de ce chef à aucune indemnité ni redevance sous la réserve qu'il se conformera aux conditions de l'autorisation donnée par le Gouverneur Général, et qu'il n'aura causé aux terres et aux forêts aucun dommage autres que ceux qui seront la conséquence normale de l'exploitation des carrières et l'abatage des arbres dont il aura besoin.

L'entreprise étant d'utilité publique en Indo-Chine, le concessionnaire est investi en Indo-Chine, en ce qui concerne l'exécution des travaux, de tous les droits que les lois et règlements confèrent à l'Administration, en matière de travaux publics, pour l'extraction, le transport et le dépôt des matériaux, etc . , et il demeure en même temps soumis à toutes les obligations qui dérivent pour l'Administration de ces lois et règlements.

Article 13

Établissement de la voie.

La voie sera établie d'une manière solide et en matériaux de bonne qualité; les rails seront en acier du poids de 25 kilogrammes au moins par mètre courant ; les traverses seront au nombre d'au moins 1.250 par kilomètre. Le ballast devra être en gravier de rivière ou en pierres cassées.

Article 14

Contrôle.

Les travaux seront soumis au contrôle technique et à la surveillance du service des Travaux Publics de l'Indo-Chine. Ce contrôle et cette surveillance auront pour objet d'empêcher le concessionnaire de s'écarter des dispositions prescrites par le cahier des charges et de celles qui résulteraient des projets approuvés.

Article 15

Réceptions.

Le concessionnaire sera autorisé, sur sa demande, à ouvrir le chemin de fer à l'exploitation par sections, à mesure que l'avancement des travaux le permettra, à la condition que la circulation des trains sur ces sections ait été reconnue possible au point de vue de la sécurité par une commission technique nommée par le Gouverneur, laquelle devra statuer dans le mois qui suivra la demande d'ouverture.

La réception définitive des travaux exécutés par le concessionnaire sera prononcée par une commission nommée par le Gouverneur Général et chargée de s'assurer que le concessionnaire a satisfait toutes les prescriptions imposées par le cahier des charges.

Le Gouverneur Général devra statuer sur cette réception dans les trois mois qui suivront la demande à lui adressée par le concessionnaire. Dans le cas où, après avis de la Commission, il refuserait de prononcer la réception et où le concessionnaire n'accepterait pas sa décision, il serait statué par voie d'arbitrage.

Dans le cas où la Commission ou les arbitres ne déclareraient la ligne recevable que sous réserve de l'exécution de certains travaux, la réception serait prononcée aussitôt que ces travaux auraient été reconnus exécutés par une Commission nommée à cet effet par le Gouverneur Général.

La réception définitive ne pourra avoir lieu que par sections comprises entre deux stations principales.

Dans le cas où la remise au concessionnaire de travaux exécutés par la Colonie soulèverait des contestations, elles seraient réglées par voie d'arbitrage.

TITRE II

EXPLOITATION

Article 16

Entretien.

Le concessionnaire entretiendra constamment le Chemin de fer en bon état à partir du moment où la réception en aura été faite, de manière que la circulation soit toujours facile et sûre.

Cette stipulation est applicable aux travaux de la partie de Haï-phong à Lao-kay, à partir du moment où chaque section aura été remise au concessionnaire.

Article 17

Gardiens.

Le concessionnaire sera tenu de placer à ses frais, partout où la nécessité en sera reconnue, des gardiens en nombre suffisant pour assurer la sécurité du passage des trains aux passages à niveau.

Article 18

Locomotives.

Les machines locomotives seront construites sur les meilleurs modèles, elles seront munies de freins à la disposition du mécanicien, susceptibles de caler, au besoin à la fois, toutes les roues motrices de la locomotive.

Article 19

Voitures à voyageurs et wagons à marchandises.

Les voitures à voyageurs et wagons à marchandises seront de bonne et solide construction et de types conformes aux exigences du trafic et du climat.

Les voitures à voyageurs seront suspendues sur ressorts et disposées de façon à protéger les voyageurs contre la pluie et l'ardeur du soleil. Elles seront *aménagées pour trois* ou quatre classes de voyageurs.

Les voitures de la dernière classe pourront ne pas comporter de sièges et seront réservées aux indigènes.

Les wagons affectés au transport des marchandises craignant le soleil ou la pluie seront couverts ou bâchés.

Article 20

Entretien du matériel.

Le matériel roulant et tout le matériel servant à l'exploitation seront constamment maintenus dans un bon état d'entretien et de propreté.

Article 21

Nombre de trains.

Tous les trains réguliers pourront être mixtes (voyageurs et marchandises).

Le nombre des trains comportant des voyageurs *sera d'au moins trois par jour dans chaque sens entre Hanoï et Haïphong,* deux par jour dans chaque *sens entre Hanoï et Viétri, un par jour entre Viétri et Lao-kay,* un tous les deux jours dans chaque sens entre Lao-kay et Yunnan-Sen.

Le concessionnaire pourra augmenter le nombre de ces trains et créer des trains spéciaux de marchandises, suivant les nécessités du trafic.

Article 22

Marchée des trains de voyageurs.

La marche des trains portant des voyageurs sera soumise à l'approbation du Gouverneur Général qui aura le droit d'y apporter les modifications reconnues nécessaires, dans *les limites fixées par l'article précédent.*

La vitesse moyenne de ces trains, arrêts non compris, sera d'au moins trente kilomètres à l'heure entre Hanoï et Haïphong, de vingt-cinq kilomètres entre Hanoï et Yunnan-Sen, sauf dans la montée du Sinn-Chienn-Ho où elle pourra être réduite à quinze kilomètres.

Article 23

Contrôle.

L'entretien et l'exploitation seront soumis au contrôle et à la surveillance du service des Travaux Publics de l'Indo-Chine. Ce contrôle a pour objet de vérifier le bon entretien du chemin de fer, ainsi que des ouvrages qui en dépendent, et de *surveiller l'exécution des conditions imposées au concessionnaire par le présent cahier des charges.*

Afin de pourvoir aux frais du contrôle de la construction et de l'exploitation, le concessionnaire sera tenu de verser chaque année à la Colonie, dans le courant du mois de juin, une somme de cinquante francs par kilomètre de chemin de fer en construction et de trente francs par kilomètre de chemin de fer en exploitation.

Article 24

Règlements de police et d'exploitation.

Le concessionnaire sera soumis à tous les règlements de police et d'exploitation des chemins de fer qui sont ou seront arrêtés par le Gouverneur Général de la Colonie.

TITRE III

DURÉE, RACHAT ET DÉCHÉANCE DE LA CONCESSION

Article 25

Durée de la Concession.

La durée de la concession du chemin de fer sera de soixante-quinze ans à partir de la promulgation de la loi approuvant la présente concession.

Article 26

Expiration de la Concession.

A l'expiration de ce délai, et par le seul fait de cette expiration, le Gouvernement de la Colonie sera subrogé à tous les droits de la Société sur le chemin de fer, ses dépendances et toutes les installations et services accessoires qu'elle aura été autorisée à établir. La Société remettra au Gouvernement de la Colonie, en bon état d'entretien, le chemin de fer et tous les immeubles qui en dépendent, quelle qu'en soit l'origine, tels que bâtiments des gares ou stations, remises, ateliers, dépôts, logements des agents, etc., ainsi que le matériel fixe, voies, barrières, clôtures, appareils de voie, grues hydrauliques, machines fixes, usines et installations électriques fixes pour la production et le transport de la force motrice, les lignes et appareils télégraphiques et téléphoniques, l'outillage, le mobilier et le matériel roulant. Toutefois, l'outillage, le mobilier et le matériel roulant acquis en augmentation d'inventaire pendant les vingt-cinq dernières années de la concession, seront rachetés à dire d'expert.

Les approvisionnements de matières (combustibles, huile, papier, etc.) resteront la propriété du concessionnaire, mais la Colonie aura le droit de les racheter, en tout ou en partie, moyennant un prix fixé d'un commun accord ou par des arbitres.

Dans les cinq dernières années qui précèderont le terme de la concession, le Gouverneur Général aura le droit de saisir tous les revenus afférents à la concession et de les employer à maintenir, et, s'il y a lieu, à rétablir le chemin de fer et tous autres ouvrages en bon état, si le concessionnaire ne faisait pas le nécessaire pour satisfaire pleinement et entièrement à cette obligation.

Article 27

Rachat.

A toute époque après l'expiration des quinze premières années de l'exploitation, le Gouvernement Général de l'Indochine aura le droit de racheter la concession.

Le terme de quinze ans sera compté à partir de la mise en exploitation effective de la ligne entière ou au plus tard à partir de la fin du délai qui est fixé dans l'article 3 du présent cahier des charges, sans tenir compte des retards qui auraient eu lieu dans l'achèvement des travaux, sauf dans les cas de force majeure prévus à l'article 31 du présent cahier des charges.

On règlera le prix du rachat en relevant les produits nets annuels obtenus par le concessionnaire pendant les sept années qui auront précédé celle où le rachat sera effectué, défalcation faite de la part de bénéfices attribuée à la Colonie.

Le produit net se calculera par la différence entre le montant des recettes brutes de toute nature (déduction faite de la part de bénéfices attribuée à la Colonie) et les dépenses réelles d'exploitation, y compris les frais généraux, mais non compris les travaux complémentaires imputés sur les ressources ordinaires de la Société ou le service des emprunts contractés par elle pour des travaux de même nature.

On déduira le produit net des deux plus faibles années et l'on établira le produit net moyen des cinq autres années. Ce produit net moyen formera le montant d'une annuité qui sera due et payée au concessionnaire pendant chacune des années restant à courir sur la durée de la concession.

Dans aucun cas, le montant de l'annuité ne sera inférieur au produit net de la dernière des sept années prises pour terme de comparaison.

Le concessionnaire recevra en outre, dans les six mois qui suivront le rachat, les remboursements auxquels il aura droit à l'expiration de la concession suivant le deuxième paragraphe de l'article 26, la reprise de la totalité des approvisionnements étant ici obligatoire, dans tous les cas, pour le Gouverneur général de l'Indo-Chine.

Article 28

Retrait et déchéance.

Si le concessionnaire ne satisfait pas aux conditions de l'article 3 de la convention, le retrait de la concession sera prononcé par décision du Gouverneur Général.

Si le concessionnaire n'a pas présenté les projets et terminé les travaux des diverses sections du chemin de fer dans les délais et conditions fixés au présent cahier des charges, il encourra la déchéance qui sera prononcée contre lui par arrêté du Gouverneur Général après mise en demeure fixant un délai, sauf recours au Conseil d'Etat.

La déchéance pourra également être prononcée dans les conditions spécifiées par l'article 30 ci-après dans le cas où le concessionnaire ne remplirait pas ses obligations en ce qui concerne l'exploitation du chemin de fer.

Article 29

Achèvement des travaux et exploitation en cas de déchéance.

Dans le cas de déchéance de la concession, il sera pourvu à l'exécution des engagements pris par la Société au moyen d'une adjudication que l'on ouvrira sur une mise à prix des ouvrages exécutés, des matériaux approvisionnés, du matériel et de l'outillage existants, ainsi que des avantages et privilèges attachés à la présente concession. Ne seront admises à cette adjudication que les personnes ou les sociétés qui auront été acceptées par une Commission nommée à cet effet par le Gouverneur Général, après avoir justifié de la nationalité française et des ressources nécessaires pour remplir les engagements contractés, et après avoir versé un cautionnement égal au trentième des dépenses à faire pour achever les travaux si le chemin de fer n'est pas terminé et livré à l'exploitation, ou, en cas contraire, pour couvrir pendant un an les dépenses de l'exploitation.

Le nouveau concessionnaire sera substitué au concessionnaire évincé dans tous les avantages, bénéfices, charges et obligations résultant tant de la convention de concession que du présent cahier des charges ; le concessionnaire évincé recevra de lui le prix résultant de l'adjudication.

Si l'adjudication n'amène aucun résultat, une seconde adjudication sera tentée sur les mêmes bases après un délai de trois mois. Cette fois, les soumissions pourront être inférieures à la mise à prix. Si cette seconde tentative reste également sans résultat, le concessionnaire sera définitivement déchu de tous droits. Les ouvrages exécutés, les matériaux approvisionnés, et les parties du chemin de fer en exploitation appartiendront à la Colonie avec le matériel fixe, le matériel roulant, le mobilier et l'outillage des gares.

Article 30

Interruption de l'exploitation.

Si l'exploitation du chemin de fer vient à être interrompue en totalité ou en partie, si l'entretien n'est pas assuré dans des conditions qui garantissent la sécurité, le Gouverneur Général prendra immédiatement, aux frais et risques du concessionnaire, les mesures nécessaires pour assurer provisoirement le service.

Si, dans les six mois qui suivront, le concessionnaire n'a pas valablement justifié qu'il est en état d'assurer l'entretien ou de continuer l'exploitation, et s'il n'a pas effectivement pris les mesures nécessaires pour obtenir ce résultat, la déchéance pourra être prononcée.

Article 31

Cas de force majeure.

Les dispositions des trois articles qui précèdent ne sont pas applicables et la déchéance ne sera pas encourue dans le cas où le concessionnaire n'aura pas rempli ses obligations par suite de cas de force majeure dûment constatés.

TITRE IV

TARIFS

Article 32

Tarif des droits à percevoir.

Pour indemniser le concessionnaire des travaux et dépenses qu'il s'engage à faire par le présent cahier des charges, et sous la condition expresse qu'il en remplira exactement toutes les obligations, il est autorisé à percevoir, pendant toute la durée de la concession, les droits de péage et les prix de transport ci-après déterminés :

TARIF.	PRIX DE PÉAGE	PRIX DE TRANSPORT	PRIX TOTAUX
	francs	francs	francs
1° PAR TÊTE ET PAR KILOMÈTRE.			
Grande vitesse.			
Voyageurs. 1re classe	0 10	0 10	0 20
Voyageurs. 2e classe	0 075	0 075	0 15
Voyageurs. 3e classe	0 0375	0 0375	0 075
Voyageurs. 4e classe	0 0125	0 0125	0 025
Enfants. Au-dessous de 3 ans, les enfants ne payent rien, à la condition d'être portés sur les genoux des personnes qui les accompagnent.			
Enfants. De 3 à 7 ans, ils payent demi-place et ont droit à une place distincte ; toutefois, dans un même compartiment, deux enfants ne pourront occuper que la place d'un voyageur.			
Enfants. Au-dessus de 7 ans, ils payent place entière.			
Les fonctionnaires ou agents, porteurs d'une réquisition du Gouverneur Général ou de son délégué, seront transportés, dans les classes correspondant à leurs grades ou assimilations, avec une réduction de 50 p. °/o sur les tarifs en vigueur.			
Cette réduction ne s'appliquera pas aux agents voyageant dans la dernière classe.			
Chiens transportés dans les trains de voyageurs (Sans que la perception puisse être inférieure à 0 fr. 25).	0 025	0 025	0 05
Petite vitesse.			
1re catégorie. — Bœufs, vaches, taureaux, buffles, chevaux, mulets, bêtes de trait	0 10	0 10	0 20
2e catégorie. — Veaux, moutons, agneaux, chèvres	0 025	0 025	0 05
Lorsque les animaux ci-dessus dénommés seront, sur la demande des expéditeurs, transportés à la vitesse des trains de voyageurs, les prix seront doublés.			
2° PAR TONNE ET PAR KILOMÈTRE.			
Marchandises transportées à grande vitesse.			
Huîtres. — Poissons frais. — Denrées. — Excédents de bagages et marchandises de toute classe transportées à la vitesse des trains de voyageurs	0 325	0 325	0 65
Excédents de bagages des voyageurs de la dernière classe transportés dans les conditions de l'article 34, par masses indivisibles de 10 kilogrammes	0 175	0 175	0 35
Marchandises transportées à petite vitesse.			
Suivant classification à soumettre à l'approbation du Gouverneur général.			
Marchandises de 1re classe	0 20	0 20	0 40
— de 2e classe	0 16	0 16	0 32
— de 3e classe	0 125	0 125	0 25
— de 4e classe	0 10	0 10	0 20
— de 5e classe	0 075	0 075	0 15

	PRIX		
	DE PÉAGE	DE TRANSPORT	TOTAUX
	francs	francs	francs
Tarif spécial par wagon complet.			
Les transports par wagons complets de 5.000 kilogrammes, ou payant pour ce poids, jouissent du déclassement de la classe à laquelle ils appartiennent à la classe immédiatement inférieure. Pour les marchandises de 5e classe, le tarif par wagon complet est de 0 fr. 10.			
Les marchandises ne pesant pas 200 kilogrammes sous le volume d'un mètre cube seront taxées au double du prix de la classe à laquelle elles appartiennent.			
Tarif spécial par trains complets de minerais de fer ou de charbon.			
Les minerais de fer et les charbons transportés par trains complets de 60 tonnes au moins, dans le sens de Yunnan-sen à Haiphong et pour une distance d'au moins 200 kilomètres, seront taxés à raison de 0 fr. 035 par tonne et par kilomètre.			
3° VOITURES ET MATÉRIEL ROULANT TRANSPORTÉS A PETITE VITESSE			
Par pièce et par kilomètre.			
Wagon ou chariot pouvant porter 3 à 6 tonnes. . . .	0 25	0 25	0 50
— — plus de 6 tonnes. . .	0 30	0 30	0 60
Locomotives pesant de 12 à 18 tonnes (ne traînant pas de convoi).	0 75	0 75	1 50
Locomotive pesant plus de 18 tonnes (ne traînant pas de convoi).	1 00	1 00	2 00
Tender de 7 à 10 tonnes	0 375	0 375	0 75
Tender de plus de 10 tonnes	0 50	0 50	1 00
Les machines locomotives seront considérées comme ne traînant pas de convoi, lorsque le convoi remorqué, soit de voyageurs, soit de marchandises, ne comportera pas un péage au moins égal à celui qui serait perçu sur la locomotive avec son tender, marchant sans rien traîner.			
Le prix à payer pour un wagon chargé ne pourra jamais être inférieur à celui qui serait dû pour un wagon marchant à vide.			
Voitures à deux ou quatre roues, à un fond et à une seule banquette dans l'intérieur	0 20	0 20	0 40
Voitures à quatre roues, à deux fonds et à deux banquettes, omnibus, diligences, etc.	0 30	0 30	0 60
Lorsque, sur la demande des expéditeurs, les transports auront lieu à la vitesse des trains de voyageurs, les prix ci-dessus seront doublés.			
Dans ce cas, deux personnes pourront, sans supplément de prix, voyager dans les voitures à une banquette, et trois dans les voitures à deux banquettes, omnibus, diligences, etc. ; les voyageurs excédant ce nombre payeront le prix des places de 2e classe.			
Voitures de déménagement à deux ou quatre roues, à vide.	0 75	0 75	1 50
Ces voitures, lorsqu'elles seront chargées payeront en sus du prix ci-dessus par tonne de chargement et par kilomètre.	0 16	0 16	0 32
4° SERVICE DES POMPES FUNÈBRES ET TRANSPORT DES CERCUEILS.			
Grande vitesse			
Une voiture des pompes funèbres renfermant un ou plusieurs cercueils sera transportée aux mêmes prix et conditions qu'une voiture à quatre roues, à deux fonds et à deux banquettes.	0 30	0 30	0 60
Chaque cercueil confié à l'Administration du chemin de fer sera transporté, pour les trains ordinaires, dans un compartiment isolé, au prix de.	0 30	0 30	0 60

Les prix déterminés ci-dessus ne comprennent pas l'impôt dû à la Colonie.

Il est expressément entendu que les prix de transport ne seront dus au concessionnaire qu'autant qu'il effectuerait lui-même ces transports à ses frais et par ses propres moyens ; dans le cas contraire il n'aura droit qu'aux prix fixés pour le péage.

La perception aura lieu d'après le nombre de kilomètres parcourus. Tout kilomètre entamé sera payé comme s'il avait été parcouru en entier.

Si la distance parcourue est inférieure à 10 kilomètres, elle sera comptée pour 10 kilomètres.

Le tableau des distances entre les diverses stations sera arrêté par le Gouverneur Général de l'Indo-Chine, d'après le procès-verbal de chainage dressé contradictoirement par le concessionnaire et les ingénieurs du contrôle. Ce chainage sera fait suivant la voie la plus courte, d'axe en axe, des bâtiments des voyageurs des stations extrêmes. Les tarifs proposés d'après cette basse seront soumis à l'homologation du Gouverneur Général de l'Indo-Chine.

Le poids de la tonne est de 1,000 kilogrammes.

Les fractions de poids ne seront comptées, tant pour la grande que pour la petite vitesse, que par centième de tonne ou par 10 kilogrammes.

Ainsi, tout poids compris entre 0 et 10 kilogrammes payera comme 10 kilogrammes, entre 10 et 20 kilogrammes, comme 20 kilogrammes, etc.

Toutefois, pour les exédents de bagages et de marchandises à grande vitesse, les coupures seront établies : 1° de 0 à 5 kilogrammes ; 2° au-dessus de 5 jusqu'à 10 kilogrammes ; 3° au-dessus de 10 kilogrammes, par fraction indivisible de 10 kilogrammes.

Quelle que soit la distance parcourue, le prix d'une expédition quelconque, soit en grande, soit en petite vitesse, ne pourra être inférieur à 0 fr. 50, et pour les suppléments de bagages de 4e classe, à 0 fr. 25.

Article 33

A moins d'une autorisation spéciale et révocable du Gouverneur Général, tout train régulier de voyageurs devra contenir des voitures ou compartiments de toutes classes en nombre suffisant pour toutes les personnes qui se présenteraient dans les bureaux du chemin de fer.

Article 34

Les voyageurs des classes autres que la dernière ont droit au transport gratuit de 30 kilogrammes de bagages ; ils ne peuvent conserver avec eux dans les compartiments que les petits colis qui peuvent être placés sous les banquettes, à l'exception des colis qui, par leur nature, leur volume ou leur odeur pourraient salir, gèner ou incommoder les voyageurs.

Cette franchise ne s'applique pas aux enfants transportés gratuitement, et elle est réduite a 10 kilogrammes pour les enfants payant demi-place et pour les voyageurs de la dernière classe.

Ces derniers conservent leurs marchandises, avec eux sans responsabilité pour l'Administration.

Article 35

Les animaux, denrées, marchandises effets et autres objets non désignés dans le tarif seront rangés pour les droits à percevoir, dans les classes avec lesquelles ils auront le plus d'analogie, sans que jamais, sauf les exceptions formulées aux articles 36 et 37 ci-après, aucune marchandise non dénommée puisse être soumise à une taxe supérieure à celle de la première classe du tarif ci-dessus.

Les assimilations de classes pourront être provisoirement réglées par le concessionnaire ; elles seront immédiatement affichées et soumises au Gouverneur Général, qui prononcera définitivement.

Article 36

Les droits de péage et les prix de transports déterminés au tarif ne sont point applicables à toute masse indivisible pesant plus de 3.000 kilogrammes.

Néanmoins, le concessionnaire ne pourra se refuser à transporter les masses indivisibles pesant de 3.000 à 6.000 kilogrammes, mais les droits de péage et les prix de transport seront augmentés de moitié.

Le concessionnaire ne pourra être contraint à transporter les masses pesant plus de 6.000 kilogrammes.

Si, nonobstant la disposition qui précède, le concessionnaire transporte des masses indivisibles plus de 6,000 kilogrammes, il devra, pendant trois mois aux moins, accorder les mêmes facilités à tous ceux qui en feraient la demande.

Dans ce cas, les prix de transport seront fixés par le Gouverneur Général, sur la proposition du concessionnaire.

Article 37

Les prix de transport déterminés au tarif ne sont point applicables :

1o — Aux denrées et objets qui ne sont pas nommément énoncés dans le tarif et qui ne pèseraient pas deux cents kilogrammes sous le volume d'un mètre cube ;

2o — Aux matières inflammables ou explosibles, aux animaux et objets dangereux pour lesquels les règlements de police prescriraient des précautions spéciales ;

3o — Aux animaux dont la valeur déclarée excéderait 3,000 francs ;

4o — A l'or et à l'argent, soit en lingots, soit monnayés ou travaillés, au plaqué d'or ou d'argent, au mercure et au platime, ainsi qu'aux bijoux, dentelles, pierres précieuses, objets d'art et autres valeurs.

5o — Et, en général, à tous paquets, colis ou excédents de bagages pesant isolément 40 kilogrammes et au-dessous.

Toutefois, les prix de transport déterminés au tarif sont applicables à tous paquets ou colis, quoique emballés à part, s'ils font partie d'envois, pesant ensemble plus de quarante kilogrammes, d'objets envoyés par une même personne à une même personne. Il en sera de même pour les excédents de bagages qui pèseraient ensemble ou isolément plus de quarante kilogrammes.

Le bénéfice de la disposition énoncée dans le paragraphe précédent, en ce qui concerne les paquets ou colis, ne peut être invoqué par les entrepreneurs de messageries et de roulage et autres intermédiaires de transport, à moins que les articles par eux envoyés ne soient réunis en un seul colis.

Dans les cinq cas ci-dessus spécifiés, les prix de transport seront arrêtés annuellement par le Gouverneur Général, tant pour la grande que pour la petite vitesse, sur la proposition du concessionnaire.

En ce qui concerne les paquets ou colis mentionnés au paragraphe V ci-dessus, les prix de transport devront être calculés de telle manière qu'en aucun cas un de ces paquets ou colis ne puisse payer un prix plus élevé qu'un article de même nature pesant plus de quarante kilogrammes.

Article 38

Abaissement des tarifs.

Le concessionnaire sera libre d'abaisser à sa volonté les tarifs dans leur ensemble ou partiellement, par classe de voyageurs, par catégorie ou par nature de marchandises, pour l'ensemble de la ligne ou pour une quelconque de ses parties, sous la seule réserve que les nouveaux tarifs seront affichés à toutes les haltes, stations et gares, et qu'avis en sera donné au Gouverneur Général, au moins quinze jours à l'avance.

Les abaissements pourront comporter des tarifs spéciaux s'appliquant à une ou plusieurs catégories de voyageurs ou natures de marchandises explicitement dénommées. Dans le cas où l'abaissement serait subordonné à des conditions particulière autres qu'un minimum de tonnage par expédition, ces conditions devront être approuvées par le Gouverneur Général.

Le Gouverneur Général pourra, en cas d'urgence, autoriser l'application d'un tarif réduit avant l'expiration du délai d'affichage.

Article 39

Relèvement des tarifs.

Les tarifs abaissés par le concessionnaire pourront être relevés par lui, sans autorisation, dans la limite des maxima fixés ci-dessus, après une durée d'application d'au moins six mois et sous la réserve que l'avis du relèvement sera affiché dans les haltes, stations et gares, et porté à la connaissance du Gouverneur Général au moins trois mois d'avance.

Article 40

Le concessionnaire sera tenu d'effectuer constamment avec soin, exactitude et célérité, et sans tour de faveur, le transport des marchandises et objets quelconques qui lui seront confiés.

Les colis, bestiaux et objets quelconques seront inscrits à la gare d'où ils partent et à la gare où ils arrivent, sur des registres spéciaux, au fur et à mesure de leur réception ; mention sera faite sur le registre de la gare de départ du prix total dû pour le transport.

Pour les marchandises ayant une même destination, les expéditions auront lieu suivant l'ordre de leur inscription à la gare de départ.

Toute expédition de marchandises sera constatée, si l'expéditeur le demande, par une lettre de voiture, dont un exemplaire restera aux mains de l'expéditeur. Dans le cas où l'expéditeur ne demanderait pas de lettre de voiture, le concessionnaire sera tenu de lui délivrer un récépissé qui énoncera la nature et le poids du colis, le prix total du transport et le délai dans lequel ce transport devra être effectué.

Article 41

Les bagages et messageries seront expédiés par le premier train régulier qui suivra leur remise à la gare, pourvu qu'ils aient été présentés à l'enregistrement des bagages un quart d'heure au moins, les messageries une demi-heure au moins, avant l'heure fixée pour le départ de ce train. Ils seront mis à la disposition du destinataire aussitôt après l'arrivée du train.

Les délais maxima de transport pour les marchandises en petite vitesse, entre le moment où elles seront remises à la gare par l'expéditeur et celui où elles seront mises à la disposition du destinataire seront calculés à raison d'un jour par 100 kilomètres de parcours, avec augmentation d'un jour au départ et d'un jour à l'arrivée pour les opérations de chargement, composition des trains, déchargement etc. Toutefois, tant que le trafic ne sera pas suffisant pour justifier la mise en marche quoditienne d'un train de marchandises, ces délais seront augmentés de deux jours.

Article 42

Frais accessoires.

Les tarifs des frais accessoires (enregistrement, chargement, magasinage, transbordement, déchargement), ceux relatifs à l'enlèvement et au transport des marchandises à domicile, lorsqu'il y aura lieu, ainsi que tous autres tarifs accessoires qu'il y aurait lieu d'établir, seront fixés d'un commun accord entre le Gouverneur Général et le concessionnaire et, en cas de désaccord, par des arbitres

Article 43

Tarifs de faveur.

Il est interdit au concessionnaire d'accorder, par des traités particuliers à un ou plusieurs expéditeurs, des réductions de tarifs ou des conditions de transport qui ne seraient pas accordées aux autres expéditeurs pour des marchandises de même nature. Cette disposition n'est pas applicable aux matériaux de construction, outillage, approvisionnements, matériel, destinés à l'exécution des travaux à la charge du concessionnaire ou des travaux d'entretien du chemin de fer ou de ses embranchements, ou des travaux neufs et d'entretien des chemins de fer exécutés ou exploités par la Colonie, lesquels *seront taxés comme transports en service,* non plus qu'aux traités particuliers qui pourraient intervenir entre la Colonie et le concessionnaire dans l'intérêt des Services Publics. Les transports exécutés sur réquisition du Gouverneur Général ou de ses délégués seront effectués en débet.

Article 44

Transports en service.

1o — Personnel.

Les agents du service des Travaux Publics de l'Indochine, employés soit à la surveillance de la construction, soit à l'exploitation des lignes de l'Indochine, voyageant dans les trois premières classes seront transportés avec réduction de 75 p. 100 les tarifs en vigueur.

2o — Matériel, matériaux et fournitures.

Seront considérés comme transports en service :

1o — Les transports de toute nature effectués pour les besoins de la construction de toutes les lignes de l'Indochine.

2o — Ceux effectués pour les besoins de la construction de la section de Laokay à Yunnan-Sen ;

3o — Ceux effectués pour les besoins de l'exploitation de la ligne de Haiphong à Yunnan-Sen faisant l'objet du présent cahier des charges.

Les transports en service seront effectués à des tarifs spéciaux qui seront fixés par le concessionnaire, mais ne pourront excéder le tiers des tarifs généraux, (sans déclassement pour les wagons complets de la 5e classe.)

Ces tarifs pourront être modifiés, sous réserve d'en donner avis au Gouverneur Général, dans les délais prévus aux articles 38 et 39.

A toute époque, ces tarifs seront les mêmes pour les trois catégories de transports en service mentionnées ci-dessus.

TITRE V

STIPULATIONS RELATIVES A DIVERS SERVICES PUBLICS

Article 45

Transport gratuit des agents chargés du contrôle et de la surveillance.

Les fonctionnaires et agents chargés de l'inspection et du contrôle du chemin de fer seront transportés gratuitement dans les voitures à voyageurs.

Article 46

Service des postes.

Le concessionnaire sera tenu de transporter gratuitement, dans les trains qui seront désignés pour le service des postes, les sacs de dépêches que ce service aura à faire expédier, ainsi qu'un agent chargé de les convoyer, s'il y a lieu. Le service des postes pourra réquérir, soit l'usage de compartiments réservés, soit l'introduction dans les trains de voitures spéciales fournies par lui pour le même usage, soit enfin la création de trains spéciaux.

Les compartiments ou voitures réservées seront payés au tarif des voyageurs en comptant la moitié du nombre des places disponibles, sans réduction. Dans le cas où l'Administration des Postes exigerait, avec l'approbation du Gouverneur Général, la création de trains spéciaux dont la marche sera réglée par le Gouverneur Général, le concessionnaire entendu, la rétribution à payer au concessionnaire pour chaque train ne pourra excéder 1 fr. 50 par kilomètre parcouru en traction simple, et 2 fr. 50 par kilomètre parcouru en double traction.

Le concessionnaire pourra placer dans les convois spéciaux de la poste des voitures de toutes classes pour le transport à son profit des voyageurs et des marchandises.

L'Administration des Postes aura le droit de placer dans chaque gare et de fixer à une voiture déterminée de chaque train une boîte aux lettres dont elle fera opérer la pose et la levée par ses agents. Les agents du service des postes auront accès dans les gares pour l'exécution de leur service. L'Administration des Postes pourra réclamer pour eux l'installation de bureaux dont elle aura, dans ce cas, à payer le loyer.

L'Administration des Postes devra être prévenue au moins quinze jours à l'avance de tout changement dans la marche des trains.

Article 47

Lignes et appareils télégraphiques et téléphoniques.

Le concessionnaire établira à ses frais les lignes ou appareils télégraphiques et téléphoniques destinés à transmettre les signaux et dépêches nécessaires au service du chemin de fer.

Dans le cas où l'administration le jugerait convenable, le concessionnaire ne pourra se refuser à transmettre par ses fils et appareils les dépêches officielles et privées moyennant un tarif qui sera arrêté d'un commun accord ou fixé par des arbitres.

Le Gouverneur Général aura le droit de faire placer le long du chemin de fer une ou plusieurs lignes télégraphiques et téléphoniques,sous la seule réserve que la position des poteaux, fils et appareils ne soit pas une gène pour l'exploitation du chemin de fer. Le concessionnaire sera tenu de faire surveiller les fils et appareils par le personnel chargé de la surveillance de la ligne, de donner avis aux agents du télégraphe des accidents qui seront constatés, mais sans aucune responsabilité.

Une entente pourra d'ailleurs intervenir entre le Gouverneur Général et le concessionnaire pour l'utilisation commune des poteaux.

Les agents du service télégraphique de la Colonie auront accès dans les gares et stations et sur les voies pour assurer l'entretien et les réparations des fils et appareils dépendant de ce service.

TITRE VI

CLAUSES DIVERS

Article 48

Exécution de travaux d'utilité générale sur l'emplacement du chemin de fer.

Le concessionnaire ne pourra s'opposer à l'exécution des travaux d'utilité publique à la traversée du chemin de fer, même s'ils avaient pour effet de modifier son tracé sur un certain parcours, à la condition qu'il n'en résulte ni obstacles pour le service des transports dont il est concessionnaire ni frais à sa charge. Il sera indemnisé de tous dommages qu'il pourra subir par le fait de l'exécution de ces travaux. Ces dommages seront évalués d'un commun accord ou fixés par des arbitres.

Article 49

Concession de chemins de fer d'embranchement et de prolongement.

Le Gouverneur Général aura le droit de concéder de nouveaux chemins de fer d'embranchement sur le chemin qui fait l'objet du présent cahier des charges ou qui seraient établis en prolongement du même chemin.

Le concessionnaire ne pourra s'opposer à l'exécution de ces embranchements, ni réclamer, à l'occasion de leur établissement, une indemnité quelconque, pourvu qu'il n'en résulte aucun obstacle à la circulation, ni aucun frais particulier pour lui.

Les concessionnaires de chemins de fer d'embranchement ou de prolongement auront la faculté, moyennant le péage ci-dessus déterminé et l'observation de l'article 6 du présent cahier des charges, ainsi que des règlements de police et de service établis ou à établir, de faire circuler leurs voitures, wagons et machines sur le chemin objet de la présente concession, pour lequel cette faculté sera réciproque à l'égard desdits embranchements et prolongements.

Dans ce cas, le concessionnaire emprunteur payera comme péage la moitié de la recette brute correspondant aux transports effectués en usant de cette faculté, à condition que cette recette brute, soit au moins égale à celle qui résulterait de l'application des tarifs de la ligne empruntée.

Dans le cas où les divers concessionnaires ne pourraient s'entendre sur l'exercice de cette faculté, il serait statué par voie d'arbitrage.

Le concessionnaire ne pourra, toutefois, être tenu d'admettre sur ses rails un matériel dont le poids serait hors de proportion avec les éléments constitutifs de ses voies.

Dans le cas où un concessionnaire d'embranchement ou de prolongement joignant la ligne qui fait l'objet de la présente concession n'userait pas de la faculté de circuler sur cette ligne, comme aussi dans le cas où le concessionnaire de cette dernière ligne ne voudrait pas circuler sur les prolongements et embranchements, les concessionnaires seraient tenus de s'arranger entre eux de manière que le service de transports ne soit jamais interrompu aux points de jonction des diverses lignes.

Celui des concessionnaires qui se servira d'un matériel qui ne serait pas sa propriété payera une indemnité en rapport avec l'usage et la détérioration de ce matériel. Dans le cas où les concessionnaires ne se mettraient pas d'accord sur la quotité de l'indemnité ou les moyens d'assurer la continuation du service sur toute la ligne, il sera procédé par voie d'arbitrage.

Gares communes.

Le concessionnaire sera tenu, si le Gouverneur Général le juge convenable, de partager l'usage des stations établies à l'origine du chemin de fer d'embranchement avec les compagnies qui deviendraient ultérieurement concessionnaires desdits chemins.

Il sera fait un partage équitable des frais communs résultant de l'usage desdites gares, et les redevances à payer par les compagnies nouvelles seront, en cas de dissentiment, réglées par voie d'arbitrage.

Le concessionnaire se conformera aux mesures qui pourront lui être prescrites par le Gouverneur Général en vue d'établir des moyens de transbordement commodes pour les marchandises dans toutes les gares de raccordement avec une autre voie ferrée et en vue d'éviter autant que possible un parcours trop long aux voyageurs et aux marchandises devant passer d'une voie à l'autre.

Article 50

Embranchements industriels.

Le concessionnaire sera tenu de s'entendre avec tout propriétaire de carrières, de mines ou d'usines, avec tout propriétaire ou concessionnaire de magasins généraux et avec tout concessionnaire de l'outillage des ports maritimes ou de navigation intérieure qui, offrant de se soumettre aux conditions prescrites ci-après, demanderaient un embranchement. Au défaut d'accord, le Gouverneur Général statuera sur la demande, le concessionnaire entendu.

Les embranchements seront construits aux frais des propriétaires de carrières, de mines et d'usines, des propriétaires ou concessionnaires de magasins généraux ou des concessionnaires de l'outillage des ports maritimes ou de navigation intérieure et de manière qu'il ne résulte de leur établissement aucun entrave à la circulation générale, aucune cause d'avarie pour le matériel, ni aucuns frais particuliers pour la Compagnie.

Leur entretien devra être fait avec soin et aux frais de leurs propriétaires et sous le contrôle du Gouverneur Général. Le concessionnaire aura le droit de faire surveiller par ses agents cet entretien, ainsi que l'emploi de matériel sur les embranchements.

Le Gouverneur Général pourra, à toutes époques, prescrire les modifications qui seraient jugées utiles dans la soudure, le tracé ou l'établissement de la voie desdits embranchements et les changement seront opérés aux frais des propriétaires.

Le Gouverneur Général pourra même, après avoir entendu les propriétaires, ordonner l'enlèvement temporaire des aiguilles de soudure dans le cas où les établissements embranchés viendraient à suspendre en tout ou en partie leurs transports.

Le concessionnaire sera tenu d'envoyer ses wagons sur tous les embranchements autorisés destinés à faire communiquer des établissements de carrières de mines ou d'usines, de magasins généraux ou d'outillage de ports maritimes ou de navigation intérieure avec la ligne principale du chemin de fer.

Le concessionnaire amènera ses wagons à l'entrée des embranchements.

Les expéditeurs ou destinataires feront conduire les wagons dans leurs établissements pour les charger ou décharger et les ramèneront au point de jonction avec la ligne principale, le tout à leurs frais. Les wagons ne pourront d'ailleurs être employés qu'au transport d'objets et marchandises destinés à la ligne principale du chemin de fer.

Le temps pendant lequel les wagons séjourneront sur les embranchements particuliers ne pourra excéder six heures lorsque l'embranchement n'aura pas plus d'un kilomètre. Ce temps sera augmenté d'une demi-heure par kilomètre en sus du premier, non compris les heures de la nuit depuis le coucher jusqu'au lever du soleil.

Dans le cas où les limite sde temps seraient dépassées, le concessionnaire pourra exiger l'indemnité de retard fixée ci-après.

Les dépenses qui résulteraient des mesures prescrites, s'il y a lieu, par le Gouverneur Général statuant sur l'avis du Service du Contrôle, pour la surveillance et le gardiennage des aiguilles et des barrières d'embranchement industriel, seront à la charge les propriétaires des embranchements, mais les gardiens seront nommés et payés par le concessionnaire.

En cas de difficulté, il sera statué par le Gouverneur Général, le concessionnaire entendu.

Les propriétaires d'embranchements seront responsables des avaries que le matériel pourrait éprouver pendant son parcours ou son séjour sur leurs lignes.

Dans le cas d'inexécution d'une ou plusieurs des conditions énoncées ci-dessus, le Gouverneur Général pourra, sur la plainte du concessionnaire et après avoir entendu le propriétaire de l'embranchement, ordonner par un arrêté la suspension du service et faire supprimer la soudure, sans préjudice de tous dommages-intérêts que le concessionnaire serait en droit de répéter pour la non-exécution de ces conditions.

Tarifs a percevoir pour le matériel prêté.

Pour indemniser le concessionnaire de la fourniture et de l'envoi de son matériel sur les embranchements, il est autorisé à percevoir par tonne de marchandises transportées pour le parcours effectué sur l'embranchement, la moitié du tarif afférent aux transports sur le chemin de fer.

Tout kilomètre entamé sera payé comme s'il avait été parcouru en entier.

Le chargement et le déchargement sur les embranchements s'opèreront aux frais des expéditeurs ou destinataires, soit qu'ils les fassent eux-mêmes, soit que la Compagnie du chemin de fer consente à les opérer.

Dans ce dernier cas, ces frais seront l'objet d'un règlement arrêté par le Gouverneur Général sur la proposition du concessionnaire.

Dans le cas où les limites de temps pour le séjour des wagons sur les embranchements seraient dépassées, l'indemnité que pourra réclamer le concessionnaire sera de 8 francs par wagon et par vingt-quatre heures, toute période de vingt-quatre heures commencée étant comptée comme entière.

Tout wagon envoyé par le concessionnaire sur un embranchement devra être payé comme wagon complet, lors même qu'il ne serait pas complètement chargé.

La surcharge, s'il y en a, sera payée au prix du tarif légal et au prorata du poids réel.

Le concessionnaire sera en droit de refuser les chargements qui dépasseraient le maximum de 10.000 kilogrammes, déterminé en raison des dimensions actuelles des wagons.

Le maximum sera revisé par le Gouverneur Général, de manière à être toujours en rapport avec la capacité des wagons.

Les wagons seront pesés à l'arrivée par les soins et aux frais du concessionnaire.

Article 51

Agents du chemin de fer.

Les agents européens, chargés de l'administration et de l'exploitation du chemin de fer, seront français ou naturalisés français.

Article 52

Moyens d'exécution.

Toute faculté est laissée au concessionnaire pour assurer l'exploitation de la ligne par les moyens ou systèmes de son choix dans les limites des prescriptions du présent cahier des charges.

Article 53

Provenance des matériaux.

Conformément aux prescriptions de l'article 4 de la loi du 25 décembre 1898, tout le matériel destiné à l'exploitation du chemin de fer et tous les matériaux nécessaires à sa construction qui ne se trouveront pas dans le pays devront être d'origine française et devront être transportés sous pavillon français.

Article 54.

Impôts

Le concessionnaire sera soumis aux impôts de toute nature qui seront imposés aux particuliers et aux établissements industriels ; il ne pourra, pour s'y soustraire, exciper du service public dont il est chargé.

Article 55.

Arbitrage et expertise.

Dans le cas où le présent cahier des charges prévoit la nomination d'arbitres ou d'experts, ceux-ci seront au nombre de trois, choisis, le premier par le Gouverneur Général, le second par le concessionnaire, le troisième par les deux autres ou, à défaut d'entente, par le Président de la Cour d'Appel de Paris.

Dans le cas où l'une des parties, valablement mise en demeure, n'aurait pas désigné son arbitre ou expert dans le délai d'un mois après cette mise en demeure, cette désignation sera faite d'office à la requête de l'autre partie, par le Président de la Cour d'Appel de Paris.

Article 56.

Jugement des contestations.

Les contestations qui s'élèveraient entre la Société et le Gouverneur Général, au sujet de l'exécution ou de l'interprétation des clauses de l'acte de concession et du présent cahier des charges, et pour lesquelles un arbitrage n'a pas été prévu explicitement, seront jugées administrativement, sauf recours au Conseil d'Etat, ou pourront, d'accord entre les parties, être soumises à des arbitres, dans les conditions de l'article 55 du présent cahier des charges.

Article 57

Election de domicile.

Le concessionnaire devra faire élection de domicile à Hanoi et à Paris. Faute par lui de se conformer à cette obligation, toute notification ou signification lui sera valablement faite soit à la Résidence-Mairie de Hanoi, soit à la Préfecture de la Seine.

Article 58

Dommages résultant de troubles ou de guerre au Yunnan.

Le Gouvernement Général de l'Indochine garantit le concessionnaire contre tous dommages directs et matériels résultant de troubles, rébellion ou guerre au Yunnan.

Article 59

Enregistrement.

Conformément à l'article 5 de la loi du 25 décembre 1898, les frais d'enregistrement auxquels donneront lieu la Convention et le présent cahier des charges, ainsi que tous actes susceptibles d'enregistrement, seront à la charge du concessionnaire, au droit fixe de 3 francs.

Fait à Paris, le 15 juin 1901.

Le Gouverneur général de l'Indochine,
Signé : Paul DOUMER.

Les Concessionnaires
Banque de l'Indochine,
Signé : Homberg, Simon,
Comptoir National d'Escompte de Paris,
Signé : E. Mercet, Alexis Rostand.
Société Générale,
Signé : Baron Hély d'Oissel,
Crédit Industriel,
Signé : Desvaux.

TABLEAU A

Matériel roulant à fournir pour la section de Haiphong à Lao-kay.

NOMBRE DES MACHINES, DES VOITURES ET WAGONS	DÉSIGNATION DES FOURNITURES	PRIX DE L'UNITÉ	SOMMES
		francs	francs
14	Machines à tender séparé, du poids adhérent de 20 tonnes à 2 essieux couplés et bogies, tous accessoires compris	66.500	931.000
14	Tenders à deux essieux, pesant à vide 9 tonnes, tous accessoires compris	15.000	210.000
8	Machines à tender séparé, du poids adhérent de 30 tonnes (maximum), à 3 essieux couplés et bogies, tous accessoires compris.	75.000	600.000
8	Tenders comme ci-dessus	15.000	120.000
12	Voitures à voyageurs mixtes de 1re, 2e et 3e classes.	32.000	384.000
6	Voitures de 3e classe	19.550	117.300
10	Voitures de 4e classe avec frein à vis	17.050	170.500
23	Voitures de 4e classe sans frein	16.850	387.550
10	Voitures de 4e classe avec fourgon et frein à vis . .	20.050	200.500
8	Fourgons pour trains de marchandises avec frein à vis.	5.300	42.400
20	Wagons couverts avec conduite blanche et frein à main.	4.200	84.000
10	Wagons couverts avec frein à vis	4.600	46.000
20	Wagons couverts avec frein à main	4.100	82.000
16	Wagons-tombereaux avec conduite blanche et frein à main	3.260	52.160
10	Wagons-tombereaux avec frein à vis.	3.550	35.500
30	Wagons-tombereaux avec frein à main	3.160	94.800
20	Wagons plats à côtés et bouts tombants, conduite blanche et frein à main	2.840	56.800
60	Wagons plats à côtés et bouts tombants et frein à main.	2.740	164.400
10	Wagons plats à traverses pivotantes, conduite blanche et frein à main	2.920	29.200
10	Wagons plats à traverses pivotantes et frein à main .	2.820	28.200
3	Wagons grues	9.400	28.200
30	Lorrys	440	13.200
Imprévus et pièces de rechange			132.290
	Total.		4.000.000

TABLEAU B

Localités où seront établis des gares, stations, haltes et points d'arrêt.

1° Section de Haiphong a Lao-kay

Station de Haïphong.
Halte de Van-cach-phuong.
Halte de Dugnha.
Halte de Phu-thao.
Halte de Pham-xa.
Halte de Lai-khé.
Halte de Pœu-thung.
Station de Haï-duong.
Halte de Cao-xa.
Halte de An-diem.
Station de Cam-giang.
Halte de Xuan-dao.
Station de Lac-dao.
Halte de Ding-du.
Halte de Phu-tu.
Gare de Gia-lam.
Halte de Xuan-kié.
Station de Dong-khé.
Halte de My-noï-tho.
Station de Thach-loi.
Halte de Thap-mien.
Station de Huong-canh.
Station de Vinh-yen.
Halte de Bac-hat.
Station de Vietri.
Halte de Hao-loc.
Halte de Phu-to.
Halte de Hoang-kien.
Station de Than-ba.
Halte de Ham-thuong.
Halte de Doan-thuong.
Station de Yen-bay.
Halte de Tu-ding.
Halte de Ngoï-hop.
Halte de Mo-ha.
Halte de Traï-hutt.
Halte de Lang-key.
Station de Bao-ha.
Halte de Taï-van.
Halte Pho-lu.
Station de Lao-kay.

2° De Laokay a Yunnan-sen

Station de Ho-keou.
Halte de Ban-qua.
Halte de Tien-fang.
Station de Long-po.
Halte de Sin-kay.
Halte de Tien-tang.
Halte de Tsou-lin-kan.
Halte de Ma-tien.
Halte de Tao-tze.
Halte de Mi-mi-ti.
Halte de Sinn-chienn.
Halte de A-san-tchai.
Station de Sin-gan-so.
Station de Mongtzé.
Halte de Che-li-pou.
Station de I-ko-pou.
Halte de Lou-tchai-tchong.
Station de Ki-kay.
Station de Chouang-ho.
Halte de Malichou.

Station de Mien-tien
Halte de Ouang-san-tchai.
Halte de Lin-gan.
Station de Sin-fang.
Halte de Long-tan.
Station de Sin-gan-chao.
Station de Ton-chan.
Station de Kouan I.
Station de Long-kai.
Station de Han-toan.
Station de Lo-te-kiou.
Station de Siao-kai.
Station de Yen-ho-kai.
Halte de Tao-louen.
Station de Sin-hiu.
Station de Pe-tchen.
Halte de Tse-tong-kouan.
Station de Pa-kai-tse.
Station de Kouen-iang.
Station de Tsin-lin-tcheou.
Station de Ta-lu-tsen.
Station de Tcheng-kong-hien
Station de Yunnan-sen.

II. — LOI DU 5 JUILLET 1903

A. — Texte de la Loi du 5 juillet 1903

approuvant les avenants à la convention conclue par le Gouvernement Général de l'Indochine pour la construction partielle et l'exploitation du Chemin de fer de Haiphong à Yunnan-sen.

Le Sénat et la Chambre des députés ont adopté,

Le Président de la République promulgue la loi dont la teneur suit :

Article unique. — Sont approuvés les avenants à la convention du 15 juin 1901 portant concession du chemin de fer de Haiphong à Yunnan-sen, intervenus entre le Ministre des Colonies et la Compagnie française des Chemins de fer de l'Indo-Chine et du Yunnan aux dates des 13 et 22 juin 1903.

Une copie authentique de ces documents demeure annexée à la présente loi.

La présente loi, délibérée et adoptée par le Sénat et par la Chambre des députés, sera exécutée comme loi de l'Etat.

Fait à Paris, le 5 juillet 1903.

EMILE LOUBET.

Par le Président de la République :

Le Ministre des Colonies,
GASTON DOUMERGUE.

Le Ministre des Finances,
ROUVIER.

Le Ministre des Affaires Etrangères,
DELCASSÉ.

B. — Avenant du 13 juin 1903

modifiant les articles 1er, 2, 5 et 7 du cahier des charges et les articles 5 et 9 de la convention du 15 juin 1901.

Entre le Ministre des Colonies agissant tant au nom de l'Etat que de la Colonie d'Indochine sous réserve de l'approbation du présent acte par une loi,

D'une part ;

Et d'autre part, la Compagnie française des Chemins de fer de l'Indo-Chine et du Yunnan, substituée aux concessionnaires dénommés dans la convention du 15 juin, approuvée par la loi du 5 juillet 1901, ladite Compagnie représentée par MM. Simon et Desvaux, membres du Conseil d'Administration, délégués à cet effet par délibération du Conseil d'Administration en date du 13 juin 1903,

Il a été convenu ce qui suit :

Article premier — L'article 1er du cahier des charges annexé à la convention du 15 juin 1901 approuvée par la loi du 5 juillet 1901 est modifié comme suit : « Le présent cahier des charges a pour objet la construction et l'exploitation dans les conditions stipulées par la convention du 15 juin 1901, d'un chemin de fer ayant son origine à la gare maritime de Haiphong et aboutissant à ou près Yunnan-sen en passant par ou près Hanoi, Viétry, Laokay et Mongtzé ».

Art. 2. — Le délai maximum de dix-huit mois à partir de la date de la loi de concession imparti par l'article 2 du cahier des charges pour la présentation au Gouverneur Général de l'Indo-Chine du projet d'exécution de l'infrastructure de la section de Laokay à Montzé est porté de dix-huit mois à vingt-quatre mois. Le délai maximum de quatre mois fixé par le même article du cahier des charges pour l'approbation des projets par le Gouverneur Général est porté à six mois après la présentation.

Art. 3. — L'article 5 du cahier des charges précité est modifié comme suit : « Les alignements seront raccordés entre eux par des courbes dont le rayon ne pourra être inférieur à 100 mètres. Il sera réservé entre deux courbes successives de sens contraire un alignement dont la longueur pourra descendre, en cas de nécessité, à 5 mètres entre les extrémités des raccordements paraboliques, sans que la distance entre les raccordements circulaires correspondants puisse être inférieure à 25 mètres.

« Le maximum de déclivité est fixé à 15 millimètres par mètre pour la partie comprise dans la vallée du Fleuve Rouge et à 25 millimètres par mètre au delà.

La déclivité nette calculée par la formule $d + \frac{500}{R}$ ne dépassera, en aucun cas, 25 millimètres, d représentant dans cette formule la déclivité en millimètres, et R, le rayon en mètres au même point du tracé.

Art. 4. — Le premier paragraphe de l'article 7 du cahier des charges précité est modifié comme suit : « Des stations, des haltes et des points d'arrêts seront établis aux points indiqués sur les plans et profils en long à approuver par le Gouverneur Général, en vertu de l'article 2 ci-dessus et conformément aux types qui seront arrêtés par le Gouverneur Général, sur la proposition de la société.

Le dernier paragraphe dudit article 7 est modifié comme suit : « Le Gouverneur pourra, en outre, soit pendant, soit après la construction, imposer aux concessionnaires la création de stations, haltes ou points d'arrêt supplémentaires, pourvu que cette création soit justifiée par des besoins commerciaux ou par la nécessité du maintien de l'ordre et de la sécurité dans le pays. Toutefois il ne pourra exiger la création d'une station qu'entre deux stations distantes d'au moins 25 kilomètres et la création d'une halte qu'entre deux stations-haltes distantes d'au moins 15 kilomètres.

Art. 5. — Dans le cas où le tracé approuvé pour la ligne de Laokay à Yunnan-sen aurait, entre les axes des bâtiments des voyageurs de ces stations, une longueur sur l'axe inférieure à 455 kilomètres, la subvention en espèces de 12,500,000 fr. accordée par la Colonie de l'Indo-Chine conformément à l'article 5 de la convention du 15 juin 1901 sera réduite de 75,000 fr. pour chaque kilomètre en moins sur cette longueur de 455 kilomètres, toute fraction d'hectomètre sur cette longueur à retrancher est à négliger.

Art. 6 — Le premier paragraphe de l'article 9 de la convention du 15 juin 1901 est modifié comme suit :

« La subvention en capital de la Colonie sera, jusqu'à versement intégral, payée à la fin de chaque mois à Hanoi, au fur et à mesure de l'exécution des travaux, de manière à couvrir une fraction du montant de la situation du mois précédent, tant en France qu'en Chine et en Indo-Chine », fraction qui sera du quart de ce montant jusqu'au 30 juin 1903, et de trois vingtièmes de ce montant à partir du 1er juillet 1903. Trois vingtièmes du montant des situations seront couverts au moyen des versements effectués sur le capital-actions jusqu'à concurrence de 7,500,000 fr. Le reste sera couvert au moyen des sommes réalisées par l'émission des obligations.

Lorsque la subvention de la Colonie et le prélèvement ci-dessus fixé sur le capital-actions seront absorbés, le montant des situations sera couvert exclusivement au moyen du produit des obligations.

Paris, le 13 juin 1903.

Le Ministre des Colonies,
GASTON DOUMERGUE.

Compagnie française des Chemins de fer de l'Indo-Chine et du Yunnan.

Un Administrateur, H. SIMON.

Un Administrateur, DESVAUX.

Pour copie conforme :
Le Ministre des Colonies,
GASTON DOUMERGUE.

C. — Avenant complémentaire du 22 juin 1903.

Entre le Ministre des Colonies agissant tant au nom de l'Etat que de la Colonie d'Indo-Chine sous réserve de l'approbation du présent acte par une loi,

D'une part ;

Et d'autre part, la Compagnie française des Chemins de fer de l'Indo-Chine et du Yunnan, substituée aux concessionnaires dénommés dans la convention du 15 juin approuvée par la loi du 5 juillet 1901, ladite compagnie représentée par MM. Simon et Desvaux, membres du Conseil d'Administration, délégués à cet effet par délibération du Conseil d'Administration en date du 22 juin 1903,

Il a été convenu ce qui suit :

Article unique. — Le paragraphe 3 de l'article 3 de l'avenant intervenu le 13 juin 1903 entre les parties ci-dessus désignées et ainsi conçu :

« La déclivité nette calculée par la formule $d + \frac{500}{R}$ ne dépassera en aucun cas 25 millimètres, *d* représentant dans cette formule la déclivité en millimètres, et R le rayon en mètres au même point du tracé ».

Est modifié comme suit :

« La déclivité nette calculée par la formule $d + \frac{500}{R}$ ne dépassera en aucun cas 30 millimètres, d représentant dans cette formule la déclivité en millimètres, et R le rayon en mètres au même point du tracé. »

Paris, le 22 juin 1903.

Le Ministre des Colonies,
GASTON DOUMERGUE.

Compagnie française des Chemins de fer
de l'Indo-Chine et du Yunnan

Un administrateur,
H. SIMON.

Un administrateur,
DESVAUX.

Pour copie conforme :
Le Ministre des Colonies,
GASTON DOUMERGUE.

III. — ARRÊTÉ DU GOUVERNEUR GÉNÉRAL

DU 24 MARS 1904

créant des Commissaires délégués du Ministre ou du Gouverneur Général pour la surveillance de la gestion et une Commission spéciale de vérification des comptes.

Le Ministre des Colonies,

Vu la convention conclue le 15 juin 1901 pour la construction partielle et l'exploitation du Chemin de fer de Haiphong à Yunnan-sen et approuvé par la loi du 15 juillet 1901 et notamment l'article 12,

Arrête :

Article premier

Un ou plusieurs Commissaires délégués par le Ministre des Colonies ou par le Gouverneur Général de l'Indochine peuvent être chargés, à Paris ou sur place, de surveiller, dans l'intérêt de l'Etat ou de la Colonie, les actes de la gestion financière de la Compagnie ayant une répercussion sur l'importance des charges ou des avantages d'ordre financier stipulés dans la Colonie par l'acte de concession et de procéder aux vérifications des comptes présentés par la Compagnie, en application de l'article 12 de la convention de concession.

Article 2

La Compagnie communiquera à ces Commissaires, à toute époque, sans déplacement, tous les documents qu'ils jugeront nécessaires pour l'accomplissement de leur mission.

ARTICLE 3

Le ou les Commissaires ont le droit d'assister à toutes les séances de l'Assemblée Générale des actionnaires de la Compagnie, et recevront de celle-ci, en temps utile, une convocation spéciale pour ces séances.

ARTICLE 4

Le ou les Commissaires dressent de leurs opérations et vérifications des rapports qu'ils transmettent au Ministre ou au Gouverneur Général de l'Indochine, pour être soumis, s'il y a lieu, à la Commission spéciale, instituée par l'article 5 ci-après.

ARTICLE 5

Les comptes prévus par l'article 5 de la Convention de Concession sont soumis à l'examen d'une Commission spéciale de vérification des comptes qui sera ainsi composée :

L'Inspecteur Général des Travaux Publics des Colonies, *Président* ;
Un Maître des requêtes au Conseil d'Etat ;
Un Inspecteur des Finances ;
Un Conseiller référendaire à la Cour des Comptes ;
Un Inspecteur des Colonies, désigné par le Directeur du Contrôle ;
Le Chef de Bureau des Affaires d'Asie au Ministère des Colonies ;
L'Ingénieur Chef des Etudes à l'Inspection Générale des Travaux Publics des Colonies, *Secrétaires*.

ARTICLE 6

La Compagnie est tenue de présenter les registres, pièces comptables, correspondance et tous les autres documents que la Commission juge nécessaires à la vérification des comptes.

La Commission peut se transporter par elle-même ou par ses Délégués, soit au Siège Social de la Compagnie, soit en tout autre endroit où elle jugerait avoir des constations ou vérifications utiles à effectuer pour l'accomplissement de sa mission.

La Commission adresse les rapports relatifs à ses opérations avec les comptes et pièces justificatives à l'appui au Ministre des Colonies.

Paris, le 21 mars 1904.

Signé : G. DOUMERGUE.

IV. — LOI DU 13 AVRIL 1906

A. — Texte de la Loi du 13 avril 1906 autorisant le Gouvernement à prendre les mesures provisoires propres à éviter l'interruption des travaux de construction de chemin de fer de Lao-kay à Yunnan-sen.

Le Sénat et la Chambre des députés ont adopté,

Le Président de la République promulgue la loi dont la teneur suit :

Article premier. — Le Gouvernement est autorisé à prendre, sur la proposition du Gouverneur Général de l'Indo-Chine, les mesures provisoires propres à éviter l'interruption éventuelle des travaux de construction du chemin de fer de Laokay à Yunnansen, concédé par convention approuvée par la loi de 5 juillet 1901. A cet effet, en dehors des prélèvements prévus par la convention ci-dessus visée, des prélèvements supplémentaires pourront être autorisés et effectués, jusqu'à concurrence d'une somme de 6 millions de francs sur les ressources réalisées pour l'exécution dudit chemin de fer.

Art. 2. — Tout contrat définitif nouveau ayant pour objet l'achèvement des travaux et l'exploitation du chemin de fer, ainsi que toute modification de la convention approuvée par les lois des 5 juillet 1901 et 5 juillet 1903, devront être approuvés par une loi.

La présente loi, délibérée et adoptée par le Sénat et par la Chambre des Députés, sera exécutée comme loi de l'Etat.

Fait à Paris, le 13 avril 1906.

A. FALLIÈRES.

Par le Président de la République :

Le Ministre des Finances,
R. POINCARÉ.

Le Ministre des Colonies,
G. LEYGUES.

Le Ministre des Affaires Etrangères,
Léon BOURGEOIS.

V. — LOI DU 30 MARS 1907

A. — Exposé des motifs et projet de loi du 18 février 1907.

EXPOSÉ DES MOTIFS

Messieurs,

Une convention en date du 15 juin 1901, approuvée par la loi du 5 juillet suivant, a concédé à un consortium d'établissements financiers, auxquels a été substituée ultérieurement la « Compagnie française des Chemins de fer de l'Indochine et du Yunnan » :

1o La construction du chemin de fer de Laokay à Yunnansen en territoire chinois, dont la concession avait été accordée le 10 avril 1898 à la France par la Chine ;

2o L'exploitation, pour une durée de soixante-quinze ans, tant de cette ligne que de celle de Haiphong à Hanoi et Laokay, situé en territoire indochinois, et dont la construction devait être assurée par la Colonie.

Les ressources affectées à la construction de la ligne de Laokay à Yunnansen comprenaient :

1o Une subvention de 12.500.000 francs à verser en espèces par la Colonie ;

2o Le produit, s'élevant à 76.000.000 de francs d'une émission d'obligations gagée au moyen d'une allocation annuelle de 3.000.000 de francs à verser pendant soixante-quinze ans par la Colonie et garantie par le Gouvernement de la République Française ;

3o Un prélèvement de 7.500.000 francs sur le capital-actions s'élevant à 12.500.000 francs de la Compagnie Concessionnaire.

La Compagnie Concessionnaire a confié l'exécution des travaux à un entrepreneur général, qui a constitué sous le nom de « Société de Construction de chemins de fer indochinois » une société spéciale au capital de 4.000.000 de francs.

L'exploitation de la ligne entière doit être assurée par la Compagnie moyenant le prélèvement, sur les recettes brutes d'exploitation, du montant des dépenses d'entretien et d'exploitation déterminées par une formule forfaitaire, ainsi que des frais généraux d'administration fixés également à forfait. Le surplus des recettes de l'exploitation doit être partagé entre la colonie et la Compagnie. En cas d'insuffisance de ces recettes pour faire face aux frais d'exploitation, la Compagnie à la faculté de porter ces déficits à un compte d'attente limité à 2.000.000 de francs et qui doit être couvert par les excédents de recettes ultérieures. En tout cas, la Compagnie n'a à supporter aucune charge de ce fait.

La mise en exploitation de la section de Haiphong à Hanoi a eu lieu le premier avril 1903 ; les autres sections de la ligne tonkinoise ont été mises successivement en exploitation et le dernier tronçon, Yenbay-Laokay, a été ouvert au trafic le 1er février 1906.

En ce qui concerne la construction du chemin de fer du Yunnan, la Compagnie proposa, à la fin de l'année 1902, l'adoption d'un tracé différent de celui qui avait servi de base à la convention de concession. Cette modification fut l'objet d'avenants qui furent approuvés par la loi du 5 juillet 1903.

Les travaux furent alors commencés suivant ces dispositions nouvelles, mais, dès le mois d'août 1905, la Compagnie sollicita, en vue d'activer la construction du chemin de fer, l'appui financier de la colonie. En raison du caractère tout provisoire que devait présenter ce concours, le Gouverneur Général autorisa le prélèvement anticipé, sur les ressources affectées à l'entreprise, de sommes pouvant atteindre 8 millions de francs, mais qui devaient être remboursées sur les situations suivantes.

Cependant, au début de l'année 1906, la Compagnie exposa les difficultés avec lesquelles elle se trouvait aux prises, et présenta des réclamations tendant à la revision des bases financières de la convention de concession. Elle se déclarait en même temps dans l'impossibilité de continuer les travaux si on ne lui assurait pas le remboursement de ses dépenses réelles.

Conformément aux déclarations faites à la Chambre des Députés, ces revendications furent soumises à une Commission spéciale, qui jugea indispensable de procéder sur place à un examen complet de la situation.

Il était toutefois nécessaire d'assurer la continuation de la construction, sans attendre le résultat de l'enquête commencée.

C'est à cette nécessité qu'a pourvu la loi du 13 avril 1906, par laquelle le Gouvernement a été autorisé « à prendre les mesures provisoires propres à éviter l'interruption éventuelle des travaux de construction de ce chemin de fer ». A cet effet, « des prélèvements supplémentaires pouvaient être autorisés et effectués jusqu'à concurrence d'une somme de 6 millions de francs, sur les ressources réalisées pour l'exécution de cette voie ferrée ».

Ces dispositions ont permis d'imprimer une activité considérable aux chantiers et d'y réunir un effectif d'ouvriers qui dépasse 45.000 hommes. Dans ces conditions, la Compagnie espère avoir terminé les terrassements, dont le cube doit atteindre plus de 10.700.000 mètres cubes, vers le mois d'avril prochain. Les ouvrages d'art, les tunnels et autres travaux sont également très avancés et la Compagnie prévoit que la locomotive atteindra Mongtzé, c'est-à-dire le débouché sur le plateau du Yunnan, au commencement de l'année 1908 et Yunnansen en 1910.

Cependant, l'impulsion ainsi donnée aux travaux a eu pour résultat d'augmenter l'importance des situations mensuelles, dont le montant cumulé atteint maintenant à très peu près le total des ressources affectées à leur payement par la convention de concession.

D'ores et déjà il est certain que les prévisions de dépenses seront dépassées dans une proportion qu'on ne peut exactement chiffrer tant que l'enquête ne sera pas achevée. Dans un mémoire adressé le 14 août 1906 au Département des Colonies, la Compagnie a évalué ces dépassements à 50 % environ des estimations primitives et prétend laisser cette majoration à la charge de la Colonie, sans préjudice de diverses autres revendications. La Colonie repousse cette prétention. C'est là le litige principal existant entre les parties.

Quoi qu'il en soit, il était indispensable de créer immédiatement des ressources nouvelles, quelle que fût la solution adoptée pour la continuation des travaux, soit que la Colonie se substituât à l'amiable à la Compagnie concessionnaire, soit que celle-ci restât chargée d'achever l'œuvre entreprise. On ne pouvait, en effet, envisager aucune autre solution qui aurait entraîné un arrêt des travaux, une désorganisation des chantiers et même un danger politique très grave provenant du licenciement brusque d'une armée considérable de travailleurs. Il serait d'ailleurs résulté de l'interruption du travail des dépenses très importantes pour la réorganisation de l'entreprise, lesquelles seraient, en tout état de cause, restées à la charge de l'Indo-Chine et de la France.

On ne pouvait enfin attendre, pour prendre un parti, le résultat de l'enquête actuellement en cours et qui n'a pu encore être terminée sur place, en raison de la complexité et de l'étendue des questions à étudier dont l'examen ne pouvait d'ailleurs se faire qu'au cours de la présente saison sèche.

Dans ces conditions, le Gouvernement, d'accord avec le Gouverneur Général de l'Indo-Chine, a considéré qu'il convenait de rechercher une solution assurant l'achèvement de l'œuvre entreprise par la collaboration financière de la Compagnie et de la Colonie et fixant les bases du règlement des litiges pendants entre elles en utilisant les résultats de l'enquête à laquelle procède la Commission spéciale.

C'est dans cet ordre d'idées qu'ont été engagés avec les concessionnaires des pourparlers qui ont abouti à un accord établi sur les bases suivantes :

Les travaux seraient continués par la Compagnie au moyen de ressources fournies, à titre d'avance, tant par elle que par la Colonie.

D'autre part, les litiges seraient soumis à un arbitrage qui réglerait les comptes des travaux déjà exécutés et arrêterait les dispositions financières et techniques à prendre pour l'achèvement des travaux. Les arbitres tiendront compte des fautes qu'a pu commettre la Compagnie et mettront à sa charge les conséquences financières qui ont pu en résulter. La Compagnie fera face à ces charges nouvelles tout d'abord par une augmentation de 5 millions de son capital-actions et, au delà, soit par ses disponibilités, soit par le produit de l'émission d'obligations. L'intérêt et l'amortissement de ces titres seraient prélevés sur la part des recettes d'exploitation allouée à la Compagnie par la convention de concession, et, en cas d'insuffisance, seraient couverts par des avances de la Colonie, remboursables sur les excédents de recettes ultérieurs.

Quant aux charges nouvelles qui pourront incomber à la Colonie, et dont le montant ne pourra être connu qu'après le prononcé de la sentence arbitrale, elles feront, s'il est nécessaire, l'objet de propositions spéciales qui seront soumises au Parlement.

Cet accord s'est traduit par une convention et par un compromis d'arbitrage que le Gouvernement a l'honneur de soumettre à vos délibérations.

La convention stipule tout d'abord (article premier) que seront réglées par voie d'arbitrage les réclamations présentées par la Compagnie concessionnaire en ce qui concerne la construction du chemin de fer du Yunnan et de la ligne de Haiphong à Hanoi et Laokay. On a cru devoir exclure de l'arbitrage certaines réclamations relatives à l'exploitation qui ne pourront être examinées utilement tant que la section yunnanaise ne sera pas complètement achevée. Enfin, dans le but de hâter et de faciliter le travail des arbitres, les parties se sont mises d'accord pour compléter l'enquête contradictoire à laquelle procède actuellement la Commission sur place, de façon que les renseignements ainsi recueillis puissent servir de base à la sentence arbitrale.

Les articles 2 et 3 règlent les conditions dans lesquelles seront fournies provisoirement et jusqu'au prononcé de la sentence arbitrale, tant par la Compagnie que par la Colonie les ressources nécessaires à la continuation des travaux. Les prix appliqués aux ouvrages seront provisoirement augmentés de façon à couvrir les dépenses réelles de l'entreprise, mais sous réserve de l'imputation définitive qui sera arrêtée par les arbitres.

L'article 4 arrête la situation des avances temporaires consenties à la Compagnie par la Colonie de façon à limiter ces avances au chiffre de 6.000.000 de francs fixé par la loi du 13 avril 1906.

Les charges financières nouvelles qui seraient imposées à la Compagnie par les arbitres devront (art. 5) faire l'objet d'une augmentation de 5.000.000 de francs de son capital-actions et, pour le surplus, être imputées sur les disponibilités de la Compagnie ou sur le produit d'obligations à émettre à des conditions approuvées par le Gouvernement.

La Compagnie a d'ailleurs fourni des justifications qui assurent la souscription de ce capital-actions supplémentaire s'il en est besoin.

Suivant l'article 6, les charges financières correspondant aux obligations à émettre par la Compagnie seront imputées sur la part de recette d'exploitation que lui alloue la convention de concession. En cas d'insuffisance de cette part, la Colonie fera à la Compagnie l'avance des sommes nécessaires au payement des intérêts et de l'amortissement de ces obligations. Les avances seront remboursées sur les excédents ultérieurs que présenteraient les prélèvements auxquels a droit la Compagnie. Celle-ci restera d'ailleurs chargée d'assurer l'exploitation et l'entretien du chemin de fer à ses frais, risques et périls, dans les conditions des conventions primitives et aucune charge ne pourra incomber de ce fait à la Colonie qui ne garantit uniquement que le service des obligations nouvelles.

Il convient d'observer toutefois que la convention prévoit l'imputation sur la part des recettes attribuées à la Compagnie de l'intérêt de 4 o/o du capital-actions nouveau avant le service des obligations.

Cette disposition ne comporte aucune garantie de la Colonie en faveur de ce capital-actions, dont le privilège ne s'exerce qu'au cas où les recettes de l'exploitation le permettent. Cette clause a d'ailleurs été la condition mise par la Compagnie à l'augmentation de son capital social. Nous avons cru devoir l'accepter, étant donné qu'aucune rémunération n'est réservée au capital-actions ancien, tant que jouera la clause de garantie des obligations.

Il est impossible de se rendre compte de l'importance des charges supplémentaires qu'imposeront les arbitres à la Compagnie et il convient d'observer à cet égard la plus grande réserve.

Toutefois les résultats donnés par l'exploitation de la section déjà ouverte de Haiphong à Laokay, et ceux que, sans optimisme exagéré, on peut prévoir pour la section yunnanaise, permettent d'espérer que dans un avenir peu éloigné, les recettes couvriront les charges nouvelles résultant des augmentations de dépenses de premier établissement. Dès lors la Compagnie restera intéressée à exploiter dans des conditions favorables au développement des recettes et du trafic. C'est une condition essentielle qu'on s'est attaché à réaliser dans l'accord intervenu.

L'article 7 de la convention fixe les dispositions applicables aux règlements des comptes de la garantie.

La situation respective de la Colonie et de la Compagnie, en ce qui concerne le remboursement des avances, en cas de rachat ou de déchéance et en fin de concession, est réglée par l'article 8.

Enfin, les articles 9, 10 et 11 arrêtent le mode de gestion du fonds de réserve, ainsi que les attributions de juridiction et abrogent les dispositions antérieures contraires.

Par le compromis, il est stipulé que les arbitres régleront comme amiables compositeurs les litiges pendants. Ils arrêteront les comptes des dépenses faites, mettront à la charge des parties les sommes qui devront incomber à chacune d'elles d'après leurs fautes respectives et en tenant compte de la commune intention des parties lors de la passation des conventions antérieures. En ce qui concerne les ouvrages restant à exécuter, ils fixeront les quantités, le prix à appliquer, ainsi que le mode de répartition des dépenses entre les parties.

Les dispositions de la convention et du compromis passés avec la Compagnie des Chemins de fer de l'Indohine et du Yunnan semblent de nature à tenir compte, dans une mesure équitable, des difficultés considérables auxquelles donne lieu la réalisation de cette œuvre importante.

Nous croyons utile de rappeler le caractère d'intérêt national qui s'attache à la construction de cette voie ferrée, destinée à étendre considérablement la zône d'influence économique de la France. L'importance de la concession accordée à notre pays en 1898 par la Chine et la pacification des régions limitrophes de notre Colonie qu'on devait en attendre ont engagé le Parlement à donner par la loi du 25 décembre 1898, la garantie de la métropole aux engagements financiers à prendre par la Colonie vis-à-vis des concessionnaires. On a ainsi considéré que l'Indochine avait été dans cette affaire l'associée de la France, chargée de l'exécution d'une œuvre commune.

La situation reste la même aujourd'hui.

C'est pourquoi il a paru au Gouvernement qu'il convenait de continuer aux nouveaux engagements financiers à prendre éventuellement par l'Indochine, la garantie du Gouvernement de la République.

Enfin, en ce qui concerne les ressources provisoires à affecter par la Colonie à la continuation des travaux, il a paru au Gouvernement que la meilleure solution consistait à les prélever à titre temporaire, sur le reliquat de l'emprunt de 200 millions de l'Indo-Chine autorisé par la loi du 25 décembre 1898. Les sommes encore disponibles sur ce fonds dépassent en effet 45 millions et la plus grande partie ne doit pas en être utilisée avant les années 1908 et 1909. A cette époque, la sentence arbitrale sera intervenue et, si une portion de ces avances est laissée définitivement à la charge de la Colonie, les mesures nécessaires pourront, en temps utile, être proposées au Parlement.

C'est dans ce sens qu'a été préparé le projet de loi suivant que nous avons l'honneur de soumettre à vos délibérations.

PROJET DE LOI

Le Président de la République française.

Décrète :

Le projet de loi dont la teneur suit sera présenté à la Chambre des Députés par le Ministre des Colonies, par le Ministre des Finances et par le Ministre des Affaires Etrangères, qui sont chargés d'en exposer les motifs et d'en soutenir la discussion :

Article premier

Est approuvée la convention conclue le 15 février 1907 entre le Ministre des Colonies, agissant tant au nom du Gouvernement de la République Française qu'au nom de la Colonie d'Indo-Chine, et la Compagnie française des Chemins de fer de l'Indochine et du Yunnan,

Article 2.

Le Gouverneur Général de l'Indo-Chine est autorisé à régler par voie d'arbitrage, aux conditions énoncées dans le compromis ci-annexé, les litiges pendants entre la Colonie et la Compagnie susvisée

Article 3.

Le Gouverneur Général de l'Indochine est autorisé à prélever provisoirement, sur le reliquat de l'emprunt de 200 millions autorisé par la loi du 25 décembre 1898, et jusqu'à concurrence d'une somme de 30 millions, la contribution à fournir par la Colonie d'après la convention susvisée pour la continuation des travaux de construction du chemin de fer du Yunnan.

Article 4.

Ces prélèvements provisoires seront, s'il y a lieu, couverts au moyen de ressources nouvelles dont la création et la réalisation devront être approuvées par une loi.

Article 5.

Le versement des avances que le Gouvernement Général de l'Indo-Chine pourrait être appelé à faire à la Compagnie concessionnaire par application de la convention précitée, à titre de garantie d'intérêt des obligations émises par cette Compagnie, est garanti par le Gouvernement de la République Française.

Article 6.

L'enregistrement de la convention et du compromis ci-annexés ainsi que de tous actes susceptibles d'enregistrement auxquels donnera lieu l'exécution des dispositions de la présente loi ne seront passibles que du droit fixe de trois francs (3 fr.)

Fait à Paris, le 18 février 1907.

signé : A. FALLIÈRES.

Par le Président de la République :

Le Ministre des Colonies,
Signé : Milliès-Lacroix.

Le Ministre des Finances,
Signé : J. Caillaux.

Le Ministre des Affaires Etrangères,
Signé : S. Pichon.

B. — Loi du 30 mars 1907.

approuvant une convention et un compromis conclus le 15 février 1907 entre le Ministre des Colonies et la Compagnie française des Chemins de fer de l'Indochine et du Yunnan.

Le Sénat et la Chambre des Députés ont adopté,

Le Président de la République promulgue la loi dont la teneur suit :

Article premier. — Est approuvée la convention conclue le 15 février 1907 entre le Ministre des Colonies, agissant tant au nom du Gouvernement de la République Française qu'au nom de la Colonie d'Indo-chine, et la Compagnie française des Chemins de fer de l'Indo-chine et du Yunnan.

Art. 2. — Le Gouverneur Général de l'Indo-chine est autorisé à régler par voie d'abitrage, aux conditions énoncées dans le compromis ci-annexé, les litiges pendants entre la Colonie et la Compagnie susvisée.

Art. 3. — Le Gouverneur Général de l'Indo-chine est autorisé à prélever provisoirement, sur le reliquat de l'emprunt de 200 millions autorisé par la loi du 25 décembre 1898, et jusqu'à concurrence d'une somme de 30 millions, la contribution à fournir par la Colonie d'après la convention susvisée pour la continuation des travaux de construction du chemin de fer du Yunnan.

Art. 4. — Ces prélèvements provisoires seront, s'il y a lieu, couverts au moyen de ressources nouvelles dont la création et la réalisation devront être approuvées par une loi.

Art. 5. — Le versement des avances que le Gouvernement Général de l'Indo-chine pourrait être appelé à faire à la Compagnie concessionnaire par application de la convention précitée, à titre de garantie d'intérêt des obligations émises par cette Compagnie, est garanti par le Gouvernement de la République Française.

Le Ministre des Colonies publiera avant le 1er juillet de chaque année, au *Journal Officiel* de la République Française, un rapport faisant ressortir tant pour le chemin de fer de Haïphong à Yunnan-sen, qne pour les chemins de fer de l'Indo-chine (loi du 25 décembre 1898), soit la situation, au 31 décembre précédent, des travaux de construction des lignes ou portions de lignes non encore achevées, soit les résultats de l'exploitation pendant l'année précédente des lignes ou portions de lignes terminées.

Art. 6. — L'enregistrement de la convention et du compromis ci-annexés, ainsi que de tous actes susceptibles d'enregistrement auxquels donnera lieu l'exécution des dispositions de la présente loi ne seront passibles que du droit fixe de trois francs (3 fr.).

La présente loi, délibérée et adoptée par le Sénat et par la Chambre des Députés, sera exécutée comme loi de l'Etat.

Fait à Paris, le 30 mars 1907.

A. FALLIÈRES.

Par le Président de la République :

Le Ministre des Colonies,
MILLIÈS-LACROIX.

Le Ministre des Finances,
CAILLAUX.

Le Ministre des Affaires Etrangères,
S. PICHON.

C. — Convention du 15 février 1907

Entre :

Le Ministre des Colonies, agissant tant au nom du Gouvernement de la République Française qu'au nom de la Colonie d'Indo-Chine, et sous réserve de l'approbation des présentes par une loi,

D'une part ;

Et, d'autre part,

La Compagnie française des Chemins de fer de l'Indo-Chine et du Yunnan, substituée aux concessionnaires dénommés dans la convention du 15 juin 1901, approuvée par la loi du 5 juillet 1901, ladite Compagnie représentée par MM. Hély d'Oissel et Simon, son président et son administrateur-délégué, agissant en vertu des pouvoirs qui leur ont été conférés par délibération du Conseil d'Administration en date du 29 janvier 1907, et sous réserve de l'approbation des présentes par l'Assemblée Générale des actionnaires, avant le 15 mars 1907,

Il a été convenu ce qui suit :

ARTICLE PREMIER

Les réclamations présentées par la Compagnie concessionnaire dans les deux premières parties de sa « Note sur la convention du 15 juin 1901 », adressée au Ministre des Colonies à la date du 14 août 1906, seront réglées par voie d'arbitrage, étant entendu que la troisième partie de ladite note, relative à diverses modifications à apporter à la convention de concession ou au cahier des charges y annexé, est exclue dudit arbitrage.

Les arbitres seront désignés suivant les règles posées à l'article 55 du cahier des charges annexé à la convention du 15 juin 1901. Leur mission est définie par le compromis annexé à la présente convention.

La Colonie et la Compagnie concessionnaire ont reconnu d'un commun accord qu'il y avait intérêt à éviter autant que possible de nouvelles enquêtes sur la place pour éclairer ultérieurement les arbitres, et qu'il convenait dans ce but de faire recueillir au préalable les éléments d'une information complète. En conséquence, des instructions concertées seront adressées à cet effet, tant aux représentants de la Compagnie en Chine qu'aux membres de la Commission nommée par arrêté du Ministre des Colonies en date du 16 mai 1906, qui procèdent actuellement à une visite contradictoire des lieux.

Article 2

Lorsque les prélèvements prévus par les articles 8 et 9 de la convention du 15 juin 1901, ainsi que les prélèvements supplémentaires autorisés par la loi du 13 avril 1906 et par l'article 3 ci-après, auront atteint le chiffre de 96 millions de francs, les ressources complémentaires nécessaires pour la continuation des travaux de construction de la ligne de Laokay à Yunnansen, jusqu'à ce que les arbitres aient rendu leur sentence, seront fournies au moyen d'avances faites, partie par la Compagnie, partie par la Colonie, dans les conditions définies ci-après :

La part de la Compagnie dans ces avances sera de un quart des situations mensuelles et ne dépassera pas le total de 5 millions de francs. La Colonie fera l'avance du complément.

Les avances ainsi faites par la Colonie et par la Compagnie entreront en ligne de compte dans le règlement définitif opéré par les arbitres, ainsi que l'intérêt à 4 % de ces sommes à compter du jour de leur versement effectif jusqu'à la date qui sera fixée par la sentence arbitrale.

Après la décision des arbitres et jusqu'à l'achèvement des travaux, les règlements mensuels seront effectués et les ressources nécessaires fournies suivant les conditions et dispositions qui seront fixées par ladite sentence.

Article 3

Les travaux et fournitures, tant en France qu'en Chine et Indo-Chine, continueront à faire l'objet d'états de situation dressés et contrôlés dans les formes et délais prescrits à l'article 8 de la convention du 15 juin 1901.

Les prix de base resteront ceux de la série notifiée au Gouverneur Général en 1901 par application de l'article 8, paragraphe 1, de la convention précitée. Toutefois, et sans que ces dispositions puissent être invoquées à titre d'arguments dans le litige soumis aux arbitres, les prix relatifs aux terrassements, maçonneries et tunnels (prix n°s 2 à 13), ainsi que les prix pour approvisionnements de matériaux correspondants (prix n°s 25 à 30 inclus) seront provisoirement augmentés de 40 o/o pour les travaux exécutés à partir du 1er décembre 1906 et jusqu'à la date qui sera fixée par la sentence arbitrale.

En outre, dans le cas où les situations mensuelles établies comme il est dit au paragraphe précédent seraient inférieures à 3.000.000 de francs, ces situations seraient complétées à ce chiffre, sans que le complément mensuel puisse dépasser 400.000 francs. Les compléments ainsi ajoutés seront couverts par réduction au chiffre de 3.000.000 des situations mensuelles suivantes qui excéderaient ce chiffre.

Si, lors de la présentation de la situation de juin 1907 et après vérification par l'Administration de tous registres, documents et pièces justificatives, il est reconnu que le total des sept situations mensuelles établies comme il est dit ci-dessus, pour travaux faits et fournitures payées depuis le 1er décembre 1906, dépasse les sorties réelles de fonds effectuées pendant la même période et constatées dans la comptabilité de la Compagnie concessionnaire et dans celle de la Société de construction, l'excédent sera couvert par la réduction au chiffre de 3.000.000 de francs des situations mensuelles suivantes supérieures à ce chiffre. La Compagnie concessionnaire prend l'engagement, en se portant, en tant que besoin, fort pour la Société de Construction de fournir à l'Administration les moyens de procéder à la vérification ci-dessus spécifiée.

Les mêmes dispositions seraient prises lors de la présentation des situations de septembre et décembre 1907, et ainsi de suite de trimestre en trimestre, si la sentence arbitrale n'était pas encore intervenue.

Article 4

Les prélèvements anticipés, effectués sur le capital obligations en vertu de l'autorisation du Gouverneur Général du 30 octobre 1905 et de la loi du 13 avril 1906 et s'élevant à 7.406.927 fr. 40, seront ramenés au chiffre de 6.000.000 de francs qui entrera en ligne de compte dans le règlement définitif opéré par les arbitres.

En conséquence, à partir de la date de la signature de la présente convention et par six mensualités égales, la Compagnie reversera au capital-obligations déposé au Crédit Foncier de France, la somme de 1.406.927 fr. 40 avec les intérêts stipulés par l'accord des 26-30 octobre 1905.

Cette somme, intérêts compris, ainsi que celle de 641.617 fr. 40 fournie par la Compagnie, constitueront des avances qui entreront en ligne de compte dans le règlement définitif opéré par les arbitres.

Article 5

Lorsque la sentence arbitrale aura été rendue, la Compagnie pourvoira à la charge supplémentaire qui pourra lui incomber :

Tout d'abord, par l'augmentation de son capital social jusqu'à concurrence d'un maximum de 5.000.000 de francs, en émettant des actions privilégiées ;

Ensuite, et à son choix, par les disponibilités qu'elle croirait pouvoir y affecter, à l'exclusion toutefois du fonds de réserve constitué par application de l'article 11 de la Convention de concession, ou par le produit d'obligations qui seraient garanties par la Colonie comme il est dit à l'article suivant, émises à des conditions qui devront être approuvées par les Ministres des Colonies et des Finances, et dans un délai à fixer d'accord avec eux.

Le compte arrêté par les arbitres en exécution de l'article 5 du compromis annexé à la présente convention sera apuré dans un délai de trois mois après la date d'émission des obligations.

Article 6

Les règles posées par les articles 10 et 11 de la convention du 15 juin 1901, pour le calcul de la part revenant à la Compagnie sur les recettes brutes annuelles d'exploitation, sont maintenues, sauf que *le prélèvement de 400.000* francs prévu au paragraphe 2 de l'article 10 susvisé sera remplacé par *un prélèvement* fixe de trois cent quatre-vingt mille francs *(380.000 fr.)*, augmenté des frais d'abonnement au timbre des actions et obligations, tant anciennes que nouvelles.

Moyennant *ce prélèvement* sur les recettes, la Compagnie aura, *à partir du 1er janvier 1907*, et dans les conditions ci-après stipulées, non seulement à faire face aux charges qui lui sont imposées par la convention du 15 juin 1901 et notamment par l'article 10 de ladite convention, mais encore à assurer le service des *obligations nouvelles et l'intérêt* des actions privilégiées.

En conséquence, sur la *part totale ainsi* attribuée à la Compagnie, celle-ci imputera :

a) Les dépenses réelles d'entretien et d'exploitation, dans la limite du maximum déterminé par la formule forfaitaire d'exploitation ;

b) Les frais généraux réels d'administration à Paris dans la limite d'un maximum de 180.000 francs par an, étant entendu que, jusqu'à l'ouverture complète de la ligne à l'exploitation, ces frais seront, dans les conditions de l'article 8 de la convention de concession, portés au compte d'établissement ;

c) L'abonnement au timbre des actions et obligations tant anciennes que nouvelles, ce, sous la même réserve qu'au paragraphe *b*) précédent. ;

d) La somme nécessaire pour assurer ou compléter à 4 % l'intérêt sur la partie versée des actions privilégiées créées en vertu de l'article 5 ci-dessus, étant entendu que, jusqu'à l'ouverture complète de la ligne à l'exploitation, cet intérêt sera porté au compte d'établissement, comme il est stipulé à l'article 8 de la convention de concession pour le capital-actions primitif ;

e) La somme nécessaire au service de l'intérêt et de l'amortissement des *obligations émises* en vertu du même article 5 ci-dessus.

Au cas où la part totale attribuée à la Compagnie sur les recettes brutes de l'exploitation ne permettrait pas de couvrir les charges résultant du service des obligations visées au paragraphe *e*) précédent, la Colonie ferait à la Compagnie l'avance du complément nécessaire, étant expressément entendu que la garantie ainsi donnée s'applique uniquement aux obligations visées au paragraphe *e*) ci-dessus, à l'exclusion de toutes autres charges incombant à la Compagnie et notamment de celles indiquées aux paragraphes *a*), *b*), *c*) et *d*) ci-dessus. Ces avances seraient portées à un compte d'attente non productif d'intérêts.

La garantie ainsi accordée par la Colonie aux obligations visées ci-dessus se prolongera jusqu'à l'expiration de la concession ; elle subsistera même en cas de rachat ou de déchéance de la concession, auxquels cas la Colonie assurera directement le service de cet emprunt garanti.

Lorsque la part des recettes attribuée à la Compagnie laissera un excédent après déduction des charges énumérées ci-dessus, cet excédent sera employé, pour un tiers (1/3) jusqu'à concurrence de 500.000 francs, et pour un cinquième (1/5) au delà de ce chiffre, à allouer un intérêt au capital social, et pour le surplus, à rembourser le compte d'attente susvisé, et ce, jusqu'à complet apurement dudit compte,

Article 7

Lorsque la Compagnie fera appel au concours de la Colonie pour le payement de l'annuité de l'emprunt éventuel susvisé, elle devra justifier sa demande par la production au Gouverneur Général, en outre du compte provisoire des recettes prévu par l'article 12 de la convention de concession, *des dépenses réelles d'entretien et d'exploitation de l'exercice déficitaire, ainsi que des frais généraux réels d'administration à Paris.*

Ces comptes seront présentés par la Compagnie au moins un mois et demi avant l'échéance du premier coupon des obligations garanties payable dans l'année, et en tout cas avant le 15 mars.

Dans un délai d'un mois à partir de la production de ces comptes, et après vérification sommaire, le Gouverneur Général arrêtera provisoirement le montant de l'avance à faire par la Colonie, laquelle avance sera versée à la Compagnie au prorata des sommes nécessaires, quinze jours avant l'échéance des coupons des obligations garanties.

Les comptes définitifs, tant des recettes que des dépenses réelles, seront présentés par la Compagnie avant le 1er mai de chaque année. Ils seront arrêtés définitivement, après vérification de toutes pièces justificatives, par le Gouverneur Général.

Les stipulations des deux derniers paragraphes de l'article 12 de la convention de concession sont applicables aux comptes des avances faites par la Colonie à la Compagnie à titre de garantie d'intérêt des obligations.

Lorsque la Compagnie, sans faire appel au concours de la Colonie se trouvera cependant sa débitrice par suite d'avances faites pour des exercices déficitaires antérieurs, le calcul des prélèvements à opérer sur la part des recettes attribuée à la Compagnie sera effectué en prenant pour les dépenses d'entretien et d'exploitation et pour les frais généraux d'administration à Paris, les maxima fixés par l'article précédent. Au cas où il s'élèverait des difficultés entre la Compagnie et le

Gouvernement Général au sujet de l'exécution des clauses financières qui précèdent, ou de toutes celles contenues dans la convention du 15 juin 1901, il sera statué par le Ministre, sauf recours au Conseil d'Etat.

Article 8

En fin de concession, les avances faites par la Colonie à la Compagnie en vertu de l'article 6 ci-dessus viendront en déduction, par voie de compensation, des sommes que la Colonie aurait à payer à la Compagnie par application de la Convention de concession, pour achat d'approvisionnements, ainsi que d'outillage, de mobilier et de matériel roulant acquis en augmentation d'inventaire. En conséquence la valeur de ces approvisionnements, outillage etc,.... sera constituée comme gage spécial par privilège de la dette de la Compagnie vis-à-vis de la Colonie. Pour le surplus de cette dette, la Colonie exercera sa créance sur l'actif général de la Compagnie.

Les mêmes dispositions seront applicables en cas de rachat de la concession. Il est stipulé toutefois que l'annuité de l'achat sera réduite du montant du service (abonnement au timbre et frais de service compris) des obligations susvisées garanties par la Colonie et que le service de ces obligations sera assuré directement par la Colonie, d'autre part, que l'actif général de la Compagnie, sur lequel la Colonie pourra exercer sa créance pour remboursement d'avances, comprendra notamment l'indemnité de rachat due à la Compagnie par la Colonie.

En cas de déchéance, la Colonie exercera sa créance, tant pour remboursement des avances consenties antérieurement par elle à la Compagnie, que pour le service ultérieur (abonnement au timbre et frais de service compris) des obligations garanties, sur l'actif général de la Compagnie, lequel comprendra notamment le prix résultant de l'adjudication de la concession.

Article 9

Le fonds de réserve spécial, créé par application de l'article 11 paragraphe 6 de la Convention du 15 juin 1901, sera géré par la Compagnie qui emploiera les sommes disponibles en bons du Trésor, rentes sur l'Etat français, obligations des emprunts de la Colonie de l'Indo-Chine ou toutes autres valeurs agréées par le Gouverneur Général de l'Indo-Chine. Le produit de ces placements de fonds sera compris dans les recettes brutes de l'exploitation.

Article 10

Toutes les contestations, non visées à l'article 7, paragraphe 3 ci-dessus, seront jugées administrativement par le Conseil du Contentieux de l'Annam-Tonkin, siégeant à Hanoi, sauf recours au Conseil d'État.

Toutefois, il est entendu que les dispositions de l'article 56 du cahier des charges annexé à la convention du 15 juin 1901, relatives aux conditions dans lesquelles les parties pourront éventuellement soumettre à un arbitrage les différends qui les diviseraient, sont expressément déclarées applicables à toutes difficultés pouvant naître de l'application de la présente convention. Aucune modification n'est d'ailleurs apportée aux dispositions de la convention du 15 juin 1901 et du cahier des charges y annexé relatives au règlement de certains litiges explicitement prévu par voie d'arbitrage notamment à l'article 13 de ladite convention.

Article 11

Toutes dispositions de la convention du 15 juin 1901, du cahier des charges y annexé, ainsi que des conventions et accords postérieurs qui seraient contraires à la présente convention, sont et demeurent abrogées,

Fait à Paris, en double exemplaire, le 15 février 1907.

Lu et approuvé :
Simon

Lu et approuvé :
B. Hély d'Oissel

Lu et approuvé :
Milliès Larcoix

D. — Compromis d'arbitrage du 15 février 1907

Entre :

Le Ministre des Colonies, agissant tant au nom du Gouvernement de la République qu'au nom de la Colonie d'Indo-Chine et sous réserve de l'approbation des présentes par une loi,

d'une part ;

Et, d'autre part,

Le Compagnie française des Chemins de fer de l'Indo-Chine et du Yunnan, substituée aux concessionnaires dénommés dans la convention du 15 juin 1901, approuvée par la loi du 5 juillet 1901, ladite Compagnie représentée par MM. Hély d'Oissel et Simon, son Président et son Administrateur Délégué, agissant en vertu des pouvoirs qui leur ont été conférés par délibération du Conseil d'Administration, en date du 29 janvier 1907, conformément à l'article 24, paragraphe 5, des statuts de ladite Compagnie.

Article premier

Les parties conviennent de régler par voie d'arbitrage les réclamations présentées par la Compagnie concessionnaire dans les deux premières parties de sa « Note sur la revision de la convention du 15 juin 1901 », adressée au Ministre des Colonies, à la date du 14 août 1906, et relatives : 1o à la construction du chemin de fer du Yunnan ; 2o aux défectuosités de la ligne de Haiphong à Laokay, étant entendu que la troisième partie de la ladite note, relative à diverses modifications à apporter à la convention de concession et au cahier des charges y annexé, est exclue dudit arbitrage.

Article 2

Les arbitres seront désignés suivant les règles posées à l'article 55 du cahier des charges annexé à la convention du 15 juin 1901 et dans le délai de deux mois à partir de la promulgation de la loi approuvant le présent compromis.

Article 3

Ces arbitres jugeront en équité et décideront comme amiables compositeurs et conformément aux dispositions du présent compromis ; leur sentence sera définitive et sans appel.

Ils sont dispensés de suivre la procédure, les délais et les formes établis pour les tribunaux, mais leur sentence devra être motivée.

Chacune des parties pourra demander que les débats devant les arbitres aient lieu oralement et contradictoirement.

Chacune des parties devra, avant de remettre aux arbitres toute pièce, document, note ou conclusion, en donner copie à l'autre partie cinq jours au moins à l'avance.

Les parties se réservent de notifier aux arbitres, à tout moment de leurs opérations, les accords qu'elles pourraient conclure sur certaines des questions en litige soumises à l'arbitrage. Ces arbitres prendront acte de ces accords dans leur sentence.

La sentence devra être rendue dans un délai de six mois à dater du jour de l'acceptation de sa mission par le troisième arbitre.

Toutefois, si les arbitres leur en font la demande, les parties s'engagent à proroger leur mission dans la mesure qui serait alors reconnue nécessaire par lesdits arbitres.

En cas de décès, démission ou empêchement de l'un des arbitres, le remplaçant sera désigné comme l'avait été cet arbitre, et le délai indiqué aux paragraphes précédents pour le prononcé de la sentence, commencera de courir seulement du jour de l'acceptation du dernier arbitre désigné.

Article 4

Les parties sont d'accord pour arrêter ainsi qu'il suit les bases sur lesquelles les arbitres, nonobstant toutes autres dispositions contraires de la convention de concession, établiront leur sentence.

Les augmentations de dépenses d'établissement du chemin de fer de Laokay à Yunnansen provenant de la faute de la Compagnie, de la Société de construction, de leurs agents, contractants, ou ayant cause quelconques, dont elles sont responsables, seront seules mises à la charge de la Compagnie, étant entendu que cette expression comprend les dépenses qui n'aurait pas été faites dans un but d'utilité pour l'œuvre poursuivie, ainsi que les accroissements des frais de premier établissement ayant pu ou pouvant résulter du changement de tracé.

Dans leurs appréciations, les arbitres s'inspireront de la commune intention des parties lors de l'établissement de la convention de concession, ainsi que des circonstances de fait qui ont accompagné ou suivi la passation de ce contrat ou de toutes conventions intervenues ultérieurement, ou qui ont accompagné l'exécution des travaux.

Article 5

Les arbitres arrêteront, à une date qu'ils choisiront, le montant total des sommes employées à l'établissement du chemin de fer de Laokay à Yunnansen, en tenant compte de toutes avances faites par l'une ou l'autre partie en application de la convention de ce jour et de tous accords antérieurs. Ils arrêteront l'imputation de cette somme entre :

1o Le capital-obligations primitif gagé par la subvention de 3.000.000 de francs de la Colonie ;

2o La subvention en espèces de 12.500.000 francs de la Colonie ;

3o La contribution sur le capital-actions primitif de la Compagnie concessionnaire ;

A cet effet, ils fixeront la partie du capital actions primitif à effecter aux dépenses d'établissement du chemin de fer ;

4o Les ressources nouvelles à créer éventuellement par la Compagnie concessionnaire ;

5o Les ressources nouvelles à créer éventuellement par la Colonie.

ARTICLE 6

Les arbitres arrêteront les quantités d'ouvrages de chaque nature effectuées à la date déterminée, comme il est dit à l'article précédent, ainsi que celles restant à effectuer, y compris les marges nécessaires pour mettre la ligne en état normal d'exploitation et d'entretien. Ils pourront, s'ils le jugent utile, répartir ces quantités en plusieurs sections de la ligne.

ARTICLE 7

Les arbitres fixeront les prix qui devront être appliqués à chaque nature d'ouvrages pour les travaux restant à exécuter à la date déterminée, comme il est dit ci-dessus.

ARTICLE 8

Les arbitres fixeront en outre une somme à valoir sur laquelle seront imputés les travaux de premier établissement non prévus, que la Compagnie pourra, dans un délai à déterminer par eux, être autorisée à effectuer suivant approbation spéciale et préalable du Gouverneur Général de l'Indo-Chine.

Il est d'ores et déjà entendu entre les parties au sujet de ces travaux :

1o Qu'en cas de refus par la Compagnie d'accepter la décision du Gouverneur Général il sera, sur chaque cas, statué par voie d'arbitrage dans les conditions de l'article 55 du cahier des charges annexé à la Convention de concession ;

2o Que les travaux de premier établissement exécutés par la Compagnie, en dehors de ceux approuvés comme il est dit ci-dessus, resteront à sa charge.

ARTICLE 9

Les arbitres fixeront les conditions et dispositions suivant lesquelles seront établis les états de situation mensuels des travaux effectués postérieurement à l'arrêté de comptes prévu à l'article 5 ci-dessus.

Ils fixeront également les conditions et dispositions suivant lesquelles les ressources nécessaires seront fournies par la Colonie et la Compagnie et réparties entre elles.

Les arbitres pourront fixer, pour être attribuée à la Compagnie, à titre de prime d'économie, une part proportionnelle ou progressive de l'excédent, sur les dépenses effectives, du maximum global des dépenses afférentes aux travaux à effectuer postérieurement à l'arrêté de comptes sus-visé. Ce maximum global s'obtiendra en appliquant les prix arrêtés par les arbitres en exécution de l'article 7 précédent, aux quantités d'ouvrages restant à exécuter et fixée par eux en exécution de l'article 6 ci-dessus. Les dépenses effectives comprendront tous les travaux nécessaires pour mettre la ligne en état normal d'entretien et d'exploitation, conformément aux dispositions du cahier des charges de la concession, y compris les travaux imputés sur la somme à valoir prévue à l'article 8 ci-dessus.

ARTICLE 10

En ce qui concerne le chemin de fer de Haïphong à Laokay, les arbitres examineront les griefs énumérés dans la note sus visée de la Compagnie, en date du 14 août 1906.

Pour chacun de ces griefs, dans le cas où ils relèveraient une faute à la charge de la Colonie, ils indiqueront les diverses solutions susceptibles d'être adoptées pour obvier aux conséquences de cette faute, et consistant soit en travaux à exécuter à la charge de la Colonie, dans le présent ou dans l'avenir, soit en modifications de la formule d'exploitation, soit en indemnités en argent à allouer à la Compagnie. La Colonie aura droit de choisir entre ces diverses solutions celle qui lui conviendra le mieux.

ARTICLE 11

Les honoraires des arbitres et frais d'arbitrage seront partagés par moitié entre les deux parties et, en cas de désaccord, fixés par le président de la Cour d'Appel de Paris.

Fait à Paris, en cinq exemplaires, dont un pour chaque arbitre, le 15 février 1907.

Lu et approuvé :
Signé : SIMON.

Lu et approuvé :
Signé : B. HELY D'OISSEL.

Lu et approuvé :
Signé : MILLIES-LACROIX.

E. — Sentence Arbitrale du 13 avril 1908

(Voir brochure spéciale).

VI. — LOI DU 14 MARS 1909

A. — Exposé des motifs et projet de loi.

EXPOSÉ DES MOTIFS

Messieurs, la loi du 30 mars 1907 a autorisé le Gouvernement Général de l'Indochine à régler, par voie d'arbitrage, aux conditions d'un compromis en date du 15 février 1907, les litiges survenus entre la Colonie et la Compagnie Française des Chemins de fer de l'Indochine et du Yunnan, au sujet de la construction du chemin de fer de Haiphong à Laokay et Yunnan, qui avait été concédé à cette Compagnie par convention du 15 juin 1901, approuvée par la loi du 5 juillet 1901.

De la sentence rendue par les arbitres le 13 avril 1908 il résulte, en ce qui concerne la section de Laokay à Yunnansen, située sur territoire chinois, que l'évaluation des dépenses, qui primitivement était de 94 millions, doit être portée au maximum de 165 millions et demi en chiffres ronds, y compris une somme à valoir de 7 millions de francs pour travaux et fournitures imprévus à exécuter après l'ouverture à l'exploitation,

La convention de concession de 1901 avait prévu que la dépense, évaluée forfaitairement à 96 millions, serait imputée comme suit :

1o — Prélèvement sur le capital-actions de 12.500.000 fr. de la Compagnie concessionnaire. . . .	7.500.000
2o — Capital-obligations gagé par la subvention annuelle de 3 millions de francs de la Colonie, garantie par le Gouvernement français.	76.000.000
3° — Subvention en espèces fournie par l'Indochine.	12.500.000
Total. . . .	96.000.000

La sentence arbitrale fixe comme suit l'imputation des dépenses de construction à prévoir :

Capital actions.

a) Prélèvement sur le capital-actions primitif de la Compagnie concessionnaire	9.930.441	
b) Capital-actions complémentaire. .	5.000.000	
	14.930.441	14.930.441

Capital obligations.

a) Obligations primitives gagées par la subvention annuelle de la Colonie de 3 millions de francs.	76.006.000	
b) Obligations nouvelles garanties à émettre par la Compagnie ou disponibilités de la Compagnie	10.488.962	
	86.494.962	86.494.962

Contribution en espèces de la Colonie.

a) Subvention primitive	12.500.000	
b) Ressources nouvelles à créer par la Colonie	51.541.485	
	64.041.485	64.041.485
Total général (somme à valoir comprise)		165.466.888

Il ressort de ce tableau que la Compagnie qui, par la Convention du 15 février 1907, approuvée par la loi du 30 mars suivant, s'était engagée à augmenter, s'il y avait lieu, son capital-actions de 5 millions, devra effectivement procéder à cette augmentation, et porter de 7.500.000 fr. à 14.930.441 fr. le total des prélèvements sur son capital-actions à affecter aux dépenses de construction du chemin de fer du Yunnan. D'autre part elle devra, à défaut de disponibilités émettre de nouvelles obligations garanties pour une somme de 10.500.000 fr. en chiffres ronds.

Quant à la Colonie de l'Indo-Chine, elle doit employer à la construction de ce chemin de fer une somme supplémentaire de 51.541.485 fr. soit 53 millions en chiffres ronds, en y comprenant les frais de l'arbitrage, les frais de contrôle de construction, qui, en raison de la substitution du régime de l'exécution sur quantités effectives au régime du forfait global, exige une surveillance très complète des travaux, les intérêts moratoires, s'il y a lieu, applicables aux sommes à verser par la Colonie à la Compagnie, et enfin les frais de négociation de l'emprunt.

Le Gouvernement avait tout d'abord envisagé la solution d'un emprunt général de liquidation comportant la création des ressources nécessaires tant au payement des sommes mises à la charge de l'Indochine par la sentence arbitrale pour la construction de la ligne du Yunnan, qu'à l'apurement des comptes de premier établissement de tout le réseau de chemins de fer établi dans cette Colonie en application de la loi du 25 décembre 1898. Parmi ces lignes, celle de Haiphong à Hanoi et à Laokay, construite par la Colonie et concédée à la même compagnie que celle du Yunnan, a également fait l'objet d'une décision des arbitres qui ont mis à la charge de l'Indochine divers travaux complémentaires de parachèvements évalués à environ 9 millions.

Mais il a paru tout d'abord qu'il convenait de distinguer nettement des lignes dont la construction n'est pas soumise au même régime financier; en effet, tandis que le chemin de fer du Yunnan a été établi pour la majeure partie au moyen de ressources garanties par le Gouvernement français, les dépenses de construction des lignes de l'Indo-Chine ont été imputées sur l'emprunt de 200 millions non garanti par la métropole.

D'autre part, la sentence arbitrale a pris pour la ligne de Haiphong-Laokay des décisions alternatives, comportant des dépenses différentes suivant la solution qui sera définitivement adoptée et pour le choix desquelles la Colonie a un délai d'option qui n'expire que le 1er octobre 1908 ; jusqu'à cette date donc, il est impossible de fixer exactement les charges qui incomberont de ce chef à la Colonie.

Enfin, la construction des lignes du Sud de l'Annam n'est pas suffisamment avancée pour que l'on puisse dès maintenant évaluer avec précision les dépenses définitives y afférentes.

Et d'ailleurs la création des ressources nécessaires à l'achèvement du chemin de fer du Yunnan présente un réel caractère d'urgence. En effet, si les troubles récemment survenus dans la partie inférieure de la vallée du Namti, aux abords immédiats de Laokay, ne devaient pas exercer une influence trop fâcheuse sur l'avancement des travaux, on serait en droit d'espérer que l'ouverture à l'exploitation de la section de Laokay à Mongtzé, sur une longueur de 150 kilomètres, pourrait avoir lieu dès le début de l'année 1909. Alors les difficultés techniques seront surmontées, et, les travaux de terrassements et d'ouvrages d'art étant dès maintenant presque achevés jusqu'à Yunnansen, l'ouverture de la seconde et dernière partie, sur une longueur de 320 kilomètres, sera uniquement subordonnée à la pose de la voie. Aussi peut-on prévoir qu'à moins de circonstances de force majeure la locomotive atteindra la capitale du Yunnan au cours de l'année 1910.

Tout ces motifs ont engagé le Gouvernement à soumettre immédiatement aux délibérations des Chambres un projet de loi spécial autorisant le Gouvernement Général de l'Indochine à créer les ressources nécessaires pour l'achèvement du chemin de fer du Yunnan et l'exécution de la sentence arbitrale du 13 avril 1908.

Le montant des ressources à réaliser sera, ainsi qu'il a été justifié plus haut, de 53 millions, au taux d'intérêt maximum de 3.75 p. 100. L'emprunt sera, comme celui de 200 millions qui à été autorisé par la loi du 25 décembre 1898, amortissable en soixante-quinze ans.

L'annuité nécessaire pour le service de cet emprunt sera inscrite parmi les dépenses obligatoires du budget général de l'Indochine, mais on a cru devoir prévoir la garantie du Gouvernement français, ainsi que les Chambres l'ont déjà approuvée par les lois du 25 décembre 1898 et 30 mars 1907 pour les obligations émises ou à émettre en vue de l'exécution de la ligne du Yunnan.

D'ailleurs, la situation financière de l'Indochine permet de croire que la garantie de l'Etat ne sera nullement effective et que l'inscription de cette disposition dans la loi aura uniquement pour effet de permettre à la Colonie d'obtenir pour cet emprunt des conditions financières plus favorables. Dans le cas où, contrairement aux prévisions, l'Etat devrait, du fait de cet engagement, concentir des avances à l'Indo-Chine, le remboursement en serait assuré par l'inscription des crédits nécessaires aux dépenses obligatoires du budget général et par l'affectation spéciale à cet objet de la moitié au moins des excédents des exercices ultérieurs.

Telles sont les dispositions essentielles du projet de loi que le Gouvernement a l'honneur de soumettre aux délibérations de la Chambre des Députés.

PROJET DE LOI

Article premier

Le Gouvernement Général de l'Indochine est autorisé à réaliser, par voie d'emprunt, à un taux qui ne pourra excéder 3.75 p. 100, une somme de 53 millions de francs, remboursable en soixante-quinze ans au plus.

Cette somme sera exclusivement affectée à couvrir la part complémentaire, mise à la charge de la Colonie d'Indo-Chine par la sentence arbitrale rendue en exécution du compromis approuvé par la loi du 30 mars 1907, dans les dépenses de construction du chemin de fer de Laokay à Yunnansen, y compris les frais de l'arbitrage et du contrôle de la construction et, s'il y a lieu, les intérêts moratoires.

Les frais de négociation seront également prélevés sur le produit de l'emprunt.

Les conditions de l'émission seront soumises à l'approbation du Ministre des Colonies et du Ministre des Finances.

Article 2

L'annuité nécessaire pour assurer le service des intérêts et de l'amortissement de l'emprunt autorisé par la présente loi sera inscrite obligatoirement aux dépenses du budget général de l'Indo-Chine ; le payement en sera garanti par le Gouvernement de la République Française.

Le payement des intérêts et le remboursement des obligations seront effectués à Paris.

Article 3

Le Gouvernement Général de l'Indo-Chine restera débiteur envers l'État des sommes que celui-ci aurait éventuellement à verser au titre de la garantie.

Le remboursement de ces avances, qui ne seront pas productives d'intérêt, constituera une dépense qui sera obligatoirement inscrite aux dépenses du budget général de l'Indo-Chine.

Les excédents des exercices ultérieurs seront affectés pour une moitié au moins au remboursement de ces avances.

Article 4

Les actes susceptibles d'enregitrement auxquels donneront lieu, soit l'application de la sentence arbitrale le 13 avril 1908, soit l'exécution des dispositions de la présente loi ne seront passibles que du droit fixe de 3 fr.

B. — Texte de la Loi du 14 mars 1909

autorisant le Gouvernement Général de l'Indochine à contracter un emprunt de 53 millions pour couvrir les dépenses mises par la sentence arbitrale du 18 avril 1908, à la charge de la Colonie pour la construction du Chemin de fer du Yunnan.

Le Sénat et la Chambre des députés ont adopté.

Le Président de la République promulgue la loi dont la teneur suit :

Article premier

Le Gouvernement Général de l'Indochine est autorisé à réaliser, par voie d'emprunt, à un taux qui ne pourra excéder trois francs soixante-quinze centimes pour cent (3,75 p. 100) une somme de cinquante-trois millions de francs (53 millions), remboursable en soixante quinze ans au plus.

Cette somme sera exclusivement affectée à couvrir la part complémentaire, mise à la charge de la Colonie d'Indochine par la sentence arbitrale rendue en exécution du compromis approuvé par la loi du 30 mars 1907, dans les dépenses de construction du chemin de fer de Laokay à Yunnansen, y compris les frais de l'arbitrage et du contrôle de la construction et, s'il y a lieu, les intérêts moratoires.

Les frais de négociation seront également prélevés sur le produit de l'emprunt.

Les conditions de l'émission seront soumises à l'approbation du Ministre des Colonies et du Ministre des Finances.

Article 2

L'annuité nécessaire pour assurer le service des intérêts et de l'amortissement de l'emprunt autorisé par la présente loi sera inscrite obligatoirement aux dépenses du budget général de l'Indochine, le payement en sera garanti par le Gouvernement de la République Française.

Le payement des intérêts et le remboursement des obligations seront effectués à Paris.

Article 3

Le Gouvernement Général de l'Indochine restera débiteur envers l'Etat des sommes que celui-ci aurait éventuellement à verser au titre de la garantie.

Le remboursement de ces avances, qui ne seront pas productives d'intérêt, constituera une dépense qui sera obligatoirement inscrite aux dépenses du budget général de l'Indochine.

Les excédents des exercices ultérieurs seront affectés pour une moitié au moins au remboursement de ces avances.

Article 4

Les actes susceptibles d'enregistrement auxquels donneront lieu, soit l'application de la sentence arbitrale du 13 avril 1908, soit l'exécution des dispositions de la présente loi, ne seront passibles que du droit fixe de trois francs (3 fr.).

La présente loi, délibérée et adoptée par le Sénat et par la Chambre des députés, sera exécutée comme loi de l'Etat.

Fait à Paris, le 14 mars 1909.

A. FALLIÈRES.

Par le Président de la République :

Le Ministre des Colonies,
MILLIÈS-LACROIX.

Le Ministre des Finances,
J. CAILLAUX.

Le Ministre des Affaires Etrangères,
S. PICHON.

VII. — LOI DU 3 AVRIL 1909

A. — Texte de la Loi du 3 avril 1909

portant approbation d'un avenant à la convention du 15 juin 1901 conclu, le 23 mars 1909, entre le Ministre des Colonies et la Compagnie française des Chemins de fer de l'Indochine et du Yunnan.

Le Sénat et la Chambre des députés ont adopté,

Le Président de la République promulgue la loi dont la teneur suit :

Article premier. — Est approuvé l'avenant à la convention du 15 juin 1901, portant concession du chemin de fer de Haiphong à Yunnansen, conclu à la date du 23 mars 1909 entre le Ministre des Colonies et la Compagnie française des Chemins de fer de l'Indochine et du Yunnan.

Article 2. — L'enregistrement de l'avenant ci-annexé ne sera passible que du droit fixe de trois francs (3 fr.)

La présente loi, délibérée et adoptée par le Sénat et par la Chambre des députés, sera exécutée comme loi de l'Etat.

Fait à Paris, le 3 avril 1909.

A. FALLIÈRES.

Par le Président de la République :

Le Ministre des Colonies,
MILLIES-LACROIX.

Le Ministre des Finances,
J. CAILLAUX.

Le Ministre des Affaires Etrangères,
S. PICHON.

B. — Avenant du 23 mars 1909

Relèvement des tarifs maxima fixés à l'article 32 du cahier des charges, dans les sections où cette augmentation serait justifiée par les conditions d'établissement de la ligne.

Article premier. — Les tarifs maxima fixés à l'article 32 du cahier des charges annexé à la convention du 15 juillet 1901 pourront être, sur la demande de la Compagnie concessionnaire, relevés dans les sections du chemin de fer où cette augmentation serait justifiée par les conditions d'établissement de la ligne.

Les tarifs maxima nouveaux devront être, préalablement à leur mise en vigueur, approuvés par décrets rendus sur la proposition du Ministre des Colonies, après avis du Ministre des Finances et du Ministre des Affaires étrangères.

Les délais et formalités prescrits à l'article 39 du cahier des charges pour le relèvement des tarifs ne sont pas applicables aux relèvements des tarifs effectués par application des dispositions du présent article.

Art. 2. — Les stipulations du cahier des charges relatives aux dimensions et dispositions du matériel roulant et de traction, au nombre, à la composition et à la marche des trains, aux délais d'expédition et de livraison des marchandises, enfin à l'abaissement des tarifs, pourront être modifiées par des accords passés entre le Gouverneur Général et la Compagnie concessionnaire et subordonnées à l'approbation du Ministre des Colonies. Toutefois, cette approbation ne sera pas nécessaire pour les modifications devant avoir une durée d'application inférieure à six mois, et non renouvelables.

Paris, le 23 mars 1909.

Compagnie française des Chemins de fer
de l'Indochine et du Yunnan.

L'Administrateur-Délégué,
SIMON.

Le Secrétaire Général,
RENÉ BROUILLET.

Lu et approuvé :
Le Ministre des Colonies,
MILLIÈS-LACROIX.

C. — Décret du 8 avril 1909
appliquant le relèvement des tarifs à la section Ho-K'éou-Mongtseu.

Le Président de la République française,

Vu l'article 32 du cahier des charges annexé à la convention du 15 juin 1901, approuvée par la loi du 5 juillet 1901, et portant concession du chemin de fer de Haiphong à Yunnan-sen ;

Vu l'article 1er de l'avenant à la convention susdite, approuvé par la loi du 3 avril 1909;

Sur le rapport du Ministre des Colonies, après avis des Ministres des Finances et des Affaires Etrangères,

DÉCRÈTE :

Article premier. — Le maximum des droits de péage et des prix de transports unitaires est, à titre provisoire, et pour la section du chemin de fer concédé comprise entre les stations de Ho-K'éou et Mongtzé, fixé au double des chiffres portés au tableau de l'article 32 du cahier des charges de la concession. Toutefois, la fixation de tarifs d'application supérieurs au maxima stipulés audit cahier des charges est subordonnée à l'approbation préalable du Gouverneur Général de l'Indochine.

Art. 2. — Le Ministre des Colonies est chargé de l'exécution du présent décret, qui sera inséré au *Journal Officiel* de la République Française et au *Bulletin Officiel* du Ministère des Colonies.

Fait à Paris, le 8 avril 1909.

A. FALLIÈRES.

Par le Président de la République :

Le Ministre des Colonies,

MILLIÈS-LACROIX.

D. — Arrêté du Gouverneur Général en date du 21 mai 1909 promulguant en Indochine le décret du 8 avril 1909

Le Gouverneur Général de l'Indochine, Officier de la Légion d'honneur,

Vu le décret du 21 avril 1891 ;

Vu le décret du 8 avril 1909, autorisant l'augmentation des tarifs de transport entre Ho-K'éou et Mongtzé (chemin de fer de Haiphong à Yunnan-Sen).

Sur la proposition du Directeur Général des Travaux Publics de l'Indochine,

ARRÊTE :

Article premier. — Est promulgué en Indochine le décret du 8 avril susvisé, autorisant l'augmentation des tarifs de transport entre Ho-K'éou et Mongtzé (chemin de fer de Haiphong à Yunnan-Sen).

Art. 2. — Le Directeur Général des Travaux Publics de l'Indochine est chargé de l'exécution du présent arrêté.

Hanoi, le 21 mai 1909.

A. KLOBUKOWSKI.

Par le Gouverneur Général :

P. le Directeur Général des Travaux Publics de l'Indochine :

Le Directeur des Chemins de fer,

CABOCHE.

E. — Décret du 19 mai 1918

appliquant le relèvement des tarifs à la section Mongtseu-Yunnanfou

Le Président de la République Française,

Vu l'article 32 du cahier des charges annexé à la convention du 15 juin 1901, approuvée par la loi du 5 juillet 1901, et portant concession du Chemin de fer de Haiphong à Yunnan-Sen ;

Vu l'article 1er de l'avenant à la convention susdite, approuvé par la loi du 3 avril 1909 ;

Sur le rapport du Ministre des Colonies, après avis des Ministres des Finances et des Affaires Etrangères,

DÉCRÈTE :

Article premier. — Le maximum des droits de péage et des prix de transports unitaires est, à titre provisoire et pour la section du Chemin de fer concédé comprise entre les stations de Mongtzé et de Yunnanfou, fixé au double des chiffres portés au tableau de l'article 32 du cahier des charges de la concession. Toutefois, la fixation de tarifs d'application supérieure aux maxima stipulé audit cahier des charges est subordonnée à l'approbation préalable du Gouverneur Général de l'indochine.

Art 2. — Le Ministre des Colonies est chargé de l'exécution du présent décret, qui sera publié au *Journal Officiel* de la République Française et au *Journal Officiel* de l'Indochine et inséré au *Bulletin Officiel* du Ministère des Colonies.

Fait à Paris, le 19 mai 1918.

R. POINCARÉ.

Par le Président de la République :

Le Ministre des Colonies,

Henry SIMON.

F. — **Arrêté du Gouverneur Général en date du 25 août 1918 promulguant en Indochine le décret du 19 mai 1918**

Le Gouverneur Général de l'Indochine,

Vu les décrets du 20 octobre 1911, portant fixation des pouvoirs du Gouverneur Général et organisation administrative et financière de l'Indochine ;

Vu le décret du 19 mai 1918, portant relèvement des tarifs sur le Chemin de fer de Haiphong à Yunnan-Sen,

ARRÊTE :

Article unique. — Est promulgué en Indochine le décret du 19 mai 1918, portant relèvement des tarifs sur le Chemin de fer de Haiphong à Yunnansen.

Hanoi, le 25 août 1918.

Par délégation :
Le Secrétaire Général
du Gouvernement Général de l'Indochine,
MONGUILLOT.

VIII. — LOI DU 7 JANVIER 1920

A. — Texte de la Loi du 7 janvier 1920

ayant pour objet d'autoriser l'approbation par simple décret, [des accords conclus entre les concessionnaires des voies ferrées coloniales et le Ministre des Colonies pour la modification des contrats de concession pendant une période expirant cinq ans au maximum après la cessation des hostilités.

Le Sénat et la Chambre des Députés ont adopté,

Le Président de la République promulgue la loi dont la teneur suit :

Article unique. — Le Ministre des Colonies est autorisé à passer, si les circonstances l'exigent, avec les Compagnies concessionnaires de Chemins de fer dans les colonies, des avenants modifiant les conventions de concession approuvées par des lois.

Lorsque l'effet des accords intervenus sera limité à une période expirant au plus tard cinq ans après la date de la cessation des hostilités et lorsque, d'autre part, ces avenants n'apporteront aucune aggravation des charges incombant à l'Etat ou aux Colonies du fait des conventions et cahiers des charges approuvés par les lois, ces avenants seront, après avis du Comité des Travaux Publics des Colonies, approuvés par décrets contresignés par le Ministre des Colonies et par le Ministre des Finances.

La présente loi, délibérée et adoptée par le Sénat et par la Chambre des Députés, sera exécutée comme loi de l'Etat.

Fait à Paris, le 7 janvier 1920.

R. POINCARÉ.

Par le Président de la République :

Le Ministre des Colonies,
Henry SIMON.

Le Ministre des Finances,
L.-L. KLOTZ.

B. — Arrêté du Gouverneur Général en date du 7 avril 1920

promulguant en Indochine la loi du 7 janvier 1920

Le Gouverneur Général de l'Indochine,

Vu les décrets du 20 octobre 1911, portant fixation des pouvoirs du Gouverneur Général et organisation administrative et financière de l'Indochine ;

Vu la loi du 7 janvier 1920, autorisant l'approbation, par simple décret, des accords conclus entre les concessionnaires de voies ferrées coloniales et le Ministre des Colonies pour la modification des contrats de concession pendant une période expirant cinq ans au maximum après la cessation des hostilités,

Arrête :

Article unique. — Est promulguée en Indochine la loi du 7 janvier 1920 autorisant l'approbation, par simple décret, des accords conclus entre les concessionnaires de voies ferrées coloniales et le Ministre des Colonies pour la modification des contrats de concession pendant une période expirant cinq ans au maximum après la cessation des hostilités.

Hanoi, le 7 avril 1920.

Par délégation :
Le Secrétaire Général
du Gouvernement Général de l'Indochine,
MONGUILLOT.

IX. — AVENANT DU 5 JUIN 1920

A. — Décret du 10 juillet 1920 approuvant l'avenant du 5 juin 1920

Le Président de la République Française,

Vu la loi du 7 janvier 1920, autorisant le Ministre des Colonies à passer, si les circonstances l'exigent, avec les Compagnies concessionnaires de Chemins de fer dans les Colonies, des avenants modifiant les conventions de concessions approuvées par des lois et stipulant que, sous certaines conditions, ces avenants seront, après avis du Comité des Travaux Publics des Colonies, approuvés par décrets contresignés par le Ministre des Colonies et par le Ministre des Finances ;

Vu la convention en date du 15 juin 1901, approuvée par la loi du 5 juillet 1901 et passée entre le Gouverneur Général de l'Indochine et la Compagnie française des Chemins de fer de l'Indochine et du Yunnan, pour l'exploitation de la ligne de chemin de fer de Haïphong à Yunnansen et la construction de la section de cette ligne comprise entre Laokay et Yunnansen ;

Vu la convention du 15 février 1907, approuvée par la loi du 30 mars 1907, modifiant la convention précédente ;

Vu la convention passée, le 5 juin 1920, entre le Ministre des Colonies et la Compagnie française des Chemins de fer de l'Indochine et du Yunnan apportant diverses modifications aux conventions ci-dessus ;

Sur les propositions du Ministre des Colonies et du Ministre des Finances, formulées après avis du Comité des Travaux Publics des Colonies,

DÉCRÈTE :

Article premier. — La convention susvisée du 5 juin 1920, passée entre le Ministre des Colonies et la Compagnie française des Chemins de fer de l'Indochine et du Yunnan est approuvée.

Art. 2. — Le Ministre des Colonies et le Ministre des Finances sont chargés de l'exécution du présent décret, qui sera publié au *Journal officiel* de la République française et au *Journal officiel* de l'Indochine et inséré au *Bulletin officiel* du Ministère des Colonies.

Fait à Rambouillet, le 10 juillet 1920.

P. DESCHANEL.

Par le Président de la République :

Le Ministre des Colonies,
A. SARRAUT.

Le Ministre de la Marine, Ministre des Finances, par intérim,
LANDRY.

B. — Arrêté du Gouverneur Général en date du 12 août 1920,

promulguant en Indochine le décret du 10 juillet 1920.

Le Gouverneur Général de l'Indochine,

Vu les décrets du 20 octobre 1911, portant fixation des pouvoirs du Gouverneur Général et organisation administrative et financière de l'Indochine ;

Vu la loi du 5 juillet 1901 approuvant la convention du 15 juin 1901 et le cahier des charges y annexé ;

Vu la convention du 15 février 1907 ;

Vu les décrets du 8 avril 1909 et du 19 mai 1918 doublant le maximum des droits de péage et des prix unitaires sur certaines sections de la ligne de Haiphong à Yunnanfou ;

Vu la loi du 7 janvier 1920 ;

Vu le cablogramme n° 1062 en date du 13 juillet 1920 du département du Gouverneur Général.

ARRÊTE :

Article premier. — Est promulgué en Indochine, le décret du 10 juillet 1920 portant approbation de la convention du 5 juin 1920 passée entre la Colonie et la Compagnie française des Chemins de fer de l'Indochine et du Yunnan.

Art. 2. — L'Inspecteur Général des Travaux Publics est chargé de notifier le présent arrêté à la Compagnie des Chemins de fer à Hanoï.

Hanoï, le 12 août 1920.

Signé : MONGUILLOT.

Direction des Finances.
N° 1179 du 11 août 1920

Visé au Contrôle financier,
le 11 août 1920, N° 6075.

C. — Avenant du 5 juin 1920.

Entre le Ministre des Colonies, agissant tant au nom du Gouvernement de la République qu'au nom de la Colonie de l'Indochine, et sous réserve de l'approbation de la présente convention par un décret, en application de la loi du 7 janvier 1920,

d'une part ;

Et la Compagnie française des Chemins de fer de l'Indochine et du Yunnan, représentée par M. Getten, Administrateur Directeur Général, agissant en vertu des pouvoirs qui lui ont été conférés par délibération du Conseil d'Administration en date du 31 mai 1920,

d'autre part,

Il a été convenu ce qui suit :

Article premier. — Les tarifs maxima des droits à percevoir par la Compagnie, fixés en francs par le titre IV du cahier des charges annexé à la convention du 15 juin 1901, approuvée par la loi du 5 juillet 1901, seront, à partir de la date d'application de la présente convention, exprimés en piastres indochinoises ou yunnanaises selon le pays où l'application sera faite, sur le pied du taux fixe de 3 francs français pour une piastre indochinoise ou yunnanaise.

Art. 2. — La transformation de la tarification actuellement en vigueur, par la suppression méthodique et graduelle des modifications automatiquement apportées jusqu'ici aux taxes appliquées suivant les variations du cours de la piastre, et l'adaptation de ces tarifs à la situation présente, seront effectuées suivant un programme que la Compagnie soumettra à l'approbation préalable du Gouverneur Général. Il sera statué par le Gouverneur Général dans le délai d'un mois après réception des propositions de la Compagnie, faute de quoi le programme proposé sera réputé approuvé.

Art. 3. — Tout tarif supérieur au tarif analogue appliqué sur le réseau exploité par la Colonie de l'Indochine sera soumis à l'approbation préalable du Gouverneur Général.

Il en sera de même de tout tarif spécial comportant une réduction supérieure aux deux tiers des tarifs généraux.

Faute de décision dans un délai d'un mois après réception de la proposition de la Compagnie par le Gouverneur Général, le projet de tarif sera réputé approuvé.

Art. 4. — Les délais et formalités prescrits par l'article 39 du cahier des charges pour le relèvement des tarifs ne sont pas applicables aux relèvements des tarifs qui auront été approuvés par le Gouverneur Général dans les conditions fixées aux articles 2 et 3 de la présente convention.

Le délai d'affichage ne devra toutefois pas être moindre de cinq jours.

Art. 5. — A partir du 1er janvier 1920, la redevance, pour frais de contrôle à la charge de la Compagnie, prévue par l'article 23 du cahier des charges de la concession, est portée à 150 francs par kilomètre.

Art. 6. — 1o A partir du 1er janvier 1920, le prélèvement annuel déterminé par la formule inscrite à l'article 10 de la convention du 15 juin 1901 est remplacé par un prélèvement égal au montant réel des dépenses annuelles faites dans un but d'utilité par la Compagnie pour assurer l'exploitation proprement dite et l'entretien de la ligne concédée ; sera comprise dans les dépenses d'exploitation, la dotation du fonds de secours et de prévoyance du personnel telle qu'elle résulte des statuts de cette caisse arrêtés par la Compagnie en mars 1916.

La Compagnie devra fournir toutes justifications nécessaires pour la vérification des dépenses d'exploitation et d'entretien portées en compte ;

2o Un prélèvement supplémentaire annuel de 1.500.000 fr. sera effectué à partir de la même date sur les recettes d'exploitation et versé à un fonds spécial de réserve pour travaux et fournitures complémentaires d'importance exceptionnelle.

Ce fonds sera géré par la Compagnie qui emploiera les sommes disponibles en bons ou obligations du Trésor ou de la Défense Nationale dont les intérêts seront portés aux recettes d'exploitation.

Lorsque les disponibilités du fonds de réserve spécial atteindront 3 millions de francs, le prélèvement annuel sera supprimé ; il sera repris quand les disponibilités tomberont au-dessous de 3 millions de francs.

Les projets de travaux et les commandes imputables sur le fonds de réserve spécial seront, avant exécution, soumis au service du contrôle de la Colonie, qui devra donner ou refuser son approbation dans le délai d'un mois. Faute de décision dans ce délai, son adhésion sera réputée acquise.

En cas de désaccord entre la Compagnie et le Service du Contrôle, le différend sera réglé par le Gouverneur Général, sauf appel au Ministre et au Conseil d'Etat.

Si, malgré le refus du Service du Contrôle de la Colonie, la Compagnie estimait nécessaire et urgent un travail ou une fourniture, elle pourrait l'entreprendre sans délai, sauf à provoquer les constatations contradictoires qui permettraient de juger ultérieurement le différend dans les formes et conditions prévues ci-dessus.

A l'expiration du présent avenant, le reliquat du fonds de réserve institué par le présent article sera, si aucune convention n'intervient entre les parties pour en fixer autrement l'attribution, versé aux recettes d'exploitation de la dernière année d'application de l'avenant ;

3o Le prélèvement fixe annuel de 380.000 fr. stipulé par l'article 6 de la convention du 15 février 1907 est, à partir du 1er janvier 1920, remplacé par un prélèvement, fixé à forfait à 560.000 fr. et affecté, d'une part, dans la limite d'un maximum de 360.000 fr. à couvrir les frais généraux réels d'administration de la Compagnie à Paris, et, pour le surplus, à assurer un intérêt de 4 p. 100 aux actions privilégiées ;

4o Sur l'excédent, seront prélevés tout d'abord :

a) Les frais d'abonnement au timbre des actions et obligations tant anciennes que nouvelles et tous autres impôts sur ces titres qui seraient mis à la charge de la Compagnie ;

b) La somme nécessaire au service de l'intérêt et de l'amortissement des obligations émises par la compagnie en 1909 ;

5o Le surplus, jusqu'à concurrence d'une somme maximum de 900.000 fr., sera répartie entre la Colonie et la Compagnie dans la proportion d'un quart pour la Colonie et de trois quarts pour la Compagnie;

6o Sur l'excédent et jusqu'à concurrence d'une somme maximum de 11 millions de francs sera prélevé la somme nécessaire au service (intérêts, amortissement, timbre et tous autres impôts de même nature qui viendraient à frapper ces titres) des capitaux engagés par la Colonie dans la construction du réseau exploité par la Compagnie, et à l'attribution à la Compagnie d'une prime de gestion égale à 15p.100 des sommes versées à la Colonie, en vertu de la présente disposition.

Si ce dernier prélèvement n'épuise pas les recettes d'exploitation, le reliquat sera partagé entre la Colonie et la Compagnie à raison de trois quarts pour la Colonie et de un quart pour la Compagnie.

Les droits et les garanties particulières attachés aux diverses catégories d'actions ou d'obligations par les textes antérieurs demeurent entiers.

Tous les prélèvements énumérés dans le présent article seront effectués dans l'ordre où ils sont énoncés jusqu'à épuisement de la somme totale à répartir.

Art. 7. — Pour le règlement des comptes de l'année 1920, les dispositions des articles précédents seront modifiés ainsi qu'il suit :

a) La redevance pour frais de contrôle à la charge de la Compagnie fixée par l'article 5 à 150 fr. par kilomètre sera réduite à 100 francs ;

b) Le prélèvement supplémentaire pour constitution du fonds de réserve spécial prévu par l'article 6, paragraphe 2, et fixé par ledit article à 1.500.000 sera réduit à 1.000.000 ;

c) Le prélèvement fixe en faveur de la Compagnie, fixé par l'article 6, paragraphe 3, à 560.000 fr. sera réduit à 470.000 fr. dont 270.000 francs pour frais généraux d'administration de la société à Paris, et 200.000 fr. pour intérêt aux actions privilégiées ;

d) La somme à répartir entre la Colonie et la Compagnie en application de l'article 6, paragraphe 5 ci-dessus et fixé par cet article à 900.000 sera abaissée à 625.000.

Art. 8. — Les comptes d'exploitation de chacune des années 1918 et 1919 seront réglés dans les conditions suivantes :

Sur les recettes totales d'exploitation seront prélevées :

a) Les dépenses réelles totales d'exploitation — y compris les dépenses afférentes aux travaux et fournitures complémentaires, la dotation du fonds de secours et de prévoyance du personnel et la redevance pour frais de contrôle — effectivement faites pendant ces deux années, étant entendu que la Compagnie fournira toutes justifications nécessaires au sujet de ces dépenses ;

b) La somme de 380.000 fr. prévue par l'article 6 de la convention du 15 février 1907 augmentée des frais d'abonnement au timbre des actions et obligations tant anciennes que nouvelles.

Le surplus sera partagé entre la Colonie et la Compagnie dans les conditions prévues par l'article 2 de la convention du 15 juin 1901.

Il sera d'ailleurs fait application pour l'apurement des comptes des dispositions de l'article 12 de la convention précitée.

Art. 9. — La présente convention, valable pour un délai expirant cinq ans après la date de cessation des hostilités, pourra, en ce qui concerne les dispositions faisant l'objet des articles 1 à 6 inclus, être dénoncée à la fin de chaque année d'application par l'une ou l'autre partie, à charge de préavis avant le 1er juillet. La présente convention prenant fin pour quelque cause que ce soit, les conventions antérieures reprendront de plein droit tous leurs effets, sauf en ce qui concerne les dispositions résultant de l'article 8 de la présente convention.

Art. 10. — Les frais de timbre et d'enregistrement des présentes seront payés par la Compagnie et ajoutés aux dépenses d'exploitation de l'exercice 1920.

Fait en triple exemplaire à Paris, le 5 juin 1920.

Lu et approuvé :
Signé : A. SARRAUT.

Lu et approuvé :

Compagnie française des Chemins de fer de l'Indo-Chine et du Yunnan.

L'Administrateur Directeur général,

GETTEN.

D. — Lettres échangées entre le Ministère des Colonies et la Compagnie au sujet de l'interprétation du texte de certains paragraphes de l'Avenant.

COMPAGNIE FRANÇAISE
des
CHEMINS DE FER DE L'INDOCHINE
ET DU YUNNAN

N° 252

Paris, le 5 juin 1920

Monsieur le Ministre des Colonies,
(Inspection Générale des Travaux Publics)
Paris

Monsieur le Ministre,

. . . .
. . . .

. . . . . Dans l'article 6, § 3, il est parlé d'un prélèvement fixé *à forfait* à 560.000 fr. et affecté, d'une part, dans la limite d'un maximum de 360.000 fr. à couvrir les frais généraux *réels* d'Administration de la Compagnie à Paris, et pour le surplus, à assurer un intérêt de 4 o/o aux actions privilégiées.

Il est évident qu'il y a contradiction littérale entre les trois expressions soulignées. En réalité, dans la commune intention des parties, ceci veut dire que ce prélèvement forfaitaire se compose de deux prélèvements, également forfaitaires : l'un de 360.000 fr. affecté aux frais d'Administration de la Compagnie ; l'autre 200.000 fr. affecté à assurer 4 o/o aux actions privilégiées.

Le mot « *réels* » n'a que faire ici, il n'est qu'une survivance inaperçue d'une conception abandonnée.

Veuillez agréer, etc...........

Signé : GETTEN.

MINISTÈRE DES COLONIES

INSPECTION GÉNÉRALE
des
TRAVAUX PUBLICS DES COLONIES

N° 488

Paris, le 9 juin 1920.

Monsieur le Président,

Comme suite à votre lettre no 252 du 5 juin courant, j'ai l'honneur de porter à votre connaissance que le Comité des Travaux Publics des Colonies a, dans sa séance du 7 juin, donné un avis favorable à l'approbation de l'Avenant aux Conventions relatives à la Concession du Chemin de fer de Haiphong à Yunnansen sous la réserve qu'aux mots « tout tarif *spécial* supérieur etc. » par lesquels débute le premier paragraphe de l'article 3 soient substitués les mots « tout tarif supérieur etc. ». Il est certain en effet que le mot *spécial*, qui figure dans le texte préparé par votre Compagnie le 10 mars 1920, ne semble pas répondre à l'intention qui s'est dégagée de la discussion de la disposition relative à la fixation des nouveaux tarifs. Je vous proposerai donc de supprimer ce mot, qui en fait, rendrait inopérante la clause faisant l'objet du 1er paragraphe de l'article 3.

D'autre part je reconnais avec vous que certains mots du paragraphe 3 de l'article 6 semblent présenter une certaine contradiction ; mais, outre que ce texte dérive de celui de l'article 6 de la Convention du 15 février 1907, il est certain qu'il ne peut y avoir aucun doute sur son interprétation exacte. Quoiqu'il en soit, je suis disposé, si vous le désirez, à adopter pour ce paragraphe la rédaction suivante, qui comporterait l'annulation et le renvoi de quelques mots sur les exemplaires originaires :

« 3° — le prélèvement fixe annuel de..... par un prélèvement fixé à forfait à 560.000 frs, et affecté d'une part, *pour une somme de* 360.000 francs, à couvrir les frais généraux d'administration de la Compagnie à Paris, et, pour le surplus, etc.... »

Enfin les derniers mots de la Convention, « exercice 1919 » devraient être remplacés par « exercice 1920 ».

Je vous prie de me faire connaître d'urgence (au besoin par téléphone) la suite que vous êtes disposé à donner à ces deux suggestions.

Veuillez agréer, Monsieur le Président, l'assurance de ma considération la plus distinguée.

Le Ministre des Colonies,
Signé : SARRAUT.

P. S. — L'un des exemplaires que vous m'avez envoyés contient un renvoi non approuvé par M. GETTEN.

à M. le Président de la Compagnie Française des Chemins de fer de l'Indochine et du Yunnan à Paris.

COMPAGNIE FRANÇAISE
des
CHEMINS DE FER DE L'INDOCHINE
ET DU YUNNAN

N° 320

Paris, le 10 juin 1920.

Monsieur le Ministre des Colonies
(Inspection Générale des Travaux Publics),
Paris

Monsieur le Ministre,

Par lettre du 9 juin courant (n° 488), vous avez bien voulu nous aviser que le Comité des Travaux Publics des Colonies avait, dans sa séance du 7 juin, donné un avis favorable à l'approbation de l'Avenant en négociation, sous la réserve qu'aux mots : « Tout tarif spécial supérieur etc... », par lesquels débute le premier paragraphe de l'article 3, seraient substitués les mots : « Tout tarif supérieur etc... ».

Nous nous sommes empressés de vous faire connaître ce matin même, par téléphone, selon vos indications, et nous venons vous confirmer, Monsieur le Ministre, que nous acceptions cet amendement et la supression du mot « Spécial ».

En ce qui concerne le texte du paragraphe 3 de l'arctile 6 où nous avions signalé quelque contradiction dans les termes, les éclaircissements de votre lettre montrent que nous sommes d'accord sur l'interprétation de ce texte.

Dès lors, il nous paraît inutile d'y substituer une rédaction nouvelle.

Nous sommes également d'accord pour remplacer dans les derniers mots dudit avenant « exercice 1919 » par « exercice 1920 ».

M. Getten se tient à votre disposition, Monsieur le Ministre, pour apposer sa signature aux renvois que contiendront les trois originaux de l'Avenant que nous avons eu l'honneur de vous remettre le 5 juin courant.

Veuillez agréer, Monsieur le Ministre, l'assurance de notre haute considération.

Le Vice-Président,
Signé : GETTEN.

CHAPITRE II

ACTES DU GOUVERNEMENT GÉNÉRAL DE L'INDOCHINE ET CONVENTIONS AVEC LES ADMINISTRATIONS INDOCHINOISES

I. — GOUVERNEMENT GÉNÉRAL ET TRAVAUX PUBLICS

A. — Convention du 6 mars 1903 relative au tronçon commun de Hanoi à Yên-viên et à la remise de la ligne de Haiphong à Viétri

Entre les soussignés :

M. Guillemoto, Directeur Général des Travaux Publics de l'Indochine, agissant au nom et sous réserve de l'approbation de M. le Gouverneur Général de l'Indochine,

d'une part ;

Et M. Getten, Directeur Général de la Cie française des Chemins de fer de l'Indochine et du Yunnan, agissant au nom de la Cie, en vertu de pouvoirs qui lui ont été conférés, suivant procuration en date du 13 février 1903,

d'autre part ;

Il a été convenu ce qui suit :

1o — La ligne d'Haiphong à Hanoi, dont remise doit être faite à la Compagnie le 1er avril 1903, conformément à l'art. 4 de la Convention du 15 juin 1901, s'étend des docks actuels de Haiphong en attendant la gare maritime en projet-jusqu'à Gia-lam, gare incluse, la limite de cette gare s'étendant jusqu'au disque protecteur dans la direction d'Hanoi,

2o — La gare de Gia-lam sera mise en état de faire face aux besoins de l'exploitation de la ligne d'Haiphong à Hanoi, Laokay et Yunnan-sen, concédée à la Cie et dont celle-ci doit, aux termes de la Convention susvisée, assurer l'exploitation totale à ses risques et périls, et par les moyens et systèmes de son choix. C'est notamment dans cette gare ou à son contact immédiat que la Cie installera ses ateliers, ses magasins, son dépôt principal. Les plans de ces installations seront établis par la Compagnie et arrêtés par l'Administration, la dépense devant être répartie entre l'Indochine et la Compagnie de façon à laisser à la charge de la Compagnie tout ce qui, aux termes de son contrat, lui incombe.

3o — La Compagnie renonce, moyennant les conditions suivantes, aux droits qu'elle a revendiqués sur le tronc commun de Gia-lam à

Yen-vien, qu'elle considérait comme partie intégrante de la ligne d'Haiphong à Yunnansen, laquelle a fait l'objet d'une concession unique. Le Gouvernement prend acte de cette renonciation conditionnelle et déclare qu'il n'entend mettre en aucun cas à la charge de la Compagnie tout ou partie de la dépense résultant des travaux qu'il pourrait devenir utile d'exécuter sur ce tronc commun, dans l'intérêt de l'exploitation de différentes lignes l'empruntant. C'est ainsi notamment que l'Indochine supportera seule la charge de la construction du raccordement à établir pour permettre la circulation directe des trains, entre Haiphong et Laokay sans passer par Gia-lam, raccordement qui devra être terminé avant le 1er avril 1907, date prévue pour l'ouverture de la ligne jusqu'à Mongtzé.

4o — Dans le but de rendre plus faciles les conditions d'entretien et d'exploitation ainsi que les opérations de partage de dépenses relatives aux sections d'Hanoï à Gia-lâm et de Gia-lâm à Yèn-viên et aussi des gares de Hanoi, Gia-lâm et Yèn-vien, sections et gares communes aux lignes du Yunnan et du Quang-si, l'Indo-Chine se charge de l'entretien et de l'exploitation de la partie d'Hanoï gare incluse à Gia-lâm gare exclue, et la Compagnie, de Gia-lâm gare incluse à la bifurcation de Yèn-viên. Chacune des deux parties supportera seule la dépense de la section et des gares dont elle assume ainsi l'entretien et l'exploitation ; mais toutes deux auront les mêmes droits quant à la circulation des trains et du matériel roulant, entre Hanoï et Yèn-viên, et à l'usage dans les gares d'Hanoï, Gia-lâm et Yên-viên, des installations qui ne sont pas nécessairement affectées à l'usage exclusif de celle des deux parties titulaire de la gare. En conséquence, aucune taxe qui, dans ces conditions, constituerait, sous une autre forme, un péage supplémentaire, ne sera perçue ni de part, ni d'autre, pour la circulation des trains et du matériel roulant entre Hanoï et Yèn-viên, et pour l'usage des gares communes ; les dépenses mises de la sorte à la charge de la Compagnie étant tenues pour équivalentes au montant du péage prévue par l'article 15 de la Convention du 15 juin 1901.

5o — La Compagnie renonce expressément à toutes les réserves qu'elle a formulées jusqu'à ce jour, au sujet de la ligne de Hanoï à Haïphong, notamment au sujet de l'application sur cette ligne des tarifs de la ligne du Quang-si.

6o —La Compagnie s'étant trouvée dans l'impossibilité de construire à temps des ateliers par suite de l'indécision qui a régné jusqu'à ce jour au sujet de remplacement définitivement accepté par l'Administration, celle-ci s'engage à assurer à Phu-lang-thuong la réparation du matériel roulant que lui remettra la Compagnie, et ce absolument dans les mêmes conditions que celles où elle assure la réparation de son propre matériel, tant comme délai que comme prix de revient, qui comprendra les frais généraux estimés à dix pour cent (10 %) de la dépense immédiate.

7° — La Compagnie renonce à s'opposer à l'exploitation par le service des Travaux Publics de la section d'Hanoi à Viétri, qui fait partie de sa concession et dont l'ouverture est annoncée pour le 9 de ce mois. Elle rend toute liberté sous ce rapport à l'Administration qui s'engage à remettre effectivement à la Compagnie, dans les conditions de la Convention du 15 juin 1901 et du cahier des charges annexé, la dite section dès son achèvement, c'est-à-dire, vers le premier octobre prochain probablement.

Quant aux différentes sections entre Viétri et Laokay, l'Administration en fera remise à la Compagnie dans les mêmes conditions,c'est-à-dire,au fur et à mesure de leur achèvement complet.

8° — Au cours de la visite et de la reconnaissance de la ligne de Haiphong à Hanoi qui seront faites contradictoirement par les représentants de l'Indochine et de la Compagnie, il sera procédé à la détermination contradictoire des installations et des outillages encore nécessaires pour que la ligne puisse être considérée comme en état de réception définitive et comme satisfaisant aux conditions du contrat. Le délai accordé à la Compagnie pour produire ses réclamations au sujet de la mise en état de réception de la ligne de Haiphong à Hanoi prendra fin le 1er juillet 1903.

Pour les installations et outillages complémentaires dont devra être pourvue la ligne et qui n'incomberont pas à la Compagnie aux termes de l'article 4 de la Convention du 15 juin 1901, il est entendu que, dans le but de ne pas laisser plus longtemps enchevêtrés sur la section comprise entre Haiphong et Gia-Lâm des éléments relevant les uns de l'Indochine et les autres de la Compagnie, instalations et outillages seront établis et fournis directement par la Compagnie sur projets dressés par elle, et approuvés par l'Administration dans un délai maximum d'un mois après leur présentation. Les dépenses correspondantes qui résulteront des travaux et fournitures faits sur adjudications ou appels d'offres, seront remboursées à la Compagnie dans les trois mois qui suivront la présentation des mémoires. Ces mémoires, qu'accompagneront les pièces justificatives nécessaires, comporteront le montant total des dépenses localisées avec une majoration de dix pour cent (10 o/o) pour frais généraux d'Administration de la Compagnie et intérêts des capitaux.

9° — La Convention qui précède engagera la Compagnie vis-à-vis du concessionnaire ou du fermier que l'Indochine pourrait se substituer pour l'exploitation de la ligne de Hanoi au Quang-si. Elle engagera également ce concessionnaire ou ce fermier vis-à-vis de la Compagnie.

Fait double à Hanoi, le six mars mil neuf cent trois.

Lu et approuvé l'écriture ci-dessus.
Signé : GUILLEMOTO.

Lu et approuvé l'écriture ci-dessus,
Signé : GETTEN.

Approuvé :
Signé : BEAU.

1 $ 20 — Enregistré à Hanoi par duplicata.
Le sept mars 1903. folio 8 case 6.
Reçu une piastre vingt cents.
Signé : GRISON.

B. — Règlement du 30 mars 1903.

Sections et gares communes du Quang-si et du Yunnan.

Entre les soussignés :

Monsieur Borreil, Ingénieur en Chef des Chemins de fer de l'Indo-Chine représentant cette Administration et sous réserve de l'approbation de Monsieur le Directeur Général des Travaux Publics de l'Indo-Chine,

d'une part ;

Et Monsieur Le Bourhis, Ingénieur en Chef, Directeur de l'Exploitation de la Compagnie française des Chemins de fer de l'Indo-Chine et du Yunnan représentant cette Compagnie et sous réserve de l'approbation de Monsieur le Directeur Général de la Compagnie,

d'autre part,

Il a été dit et convenu ce qui suit :

EXPOSE :

Aux termes de l'article 4 de la Convention intervenue le 6 mars 1903, entre le Directeur Général des Travaux Publics de l'Indo-Chine et le Directeur Général de la Compagnie française des Chemins de fer de l'Indo-Chine et du Yunnan, Convention approuvée le jour même par Monsieur le Gouverneur Général de l'Indo-Chine :

« Dans le but de rendre plus facile les conditions d'entretien d'ex- « ploitation ainsi que les conditions d'entretien d'exploitation ainsi que « les opérations de partage des dépenses relatives aux sections « d'Hanoï à Gia-lâm et de Gia-lâm à Yèn-viên, et aussi des gares « de Gia-lâm, Hanoï et Yèn-viên, sections et gares communes aux « lignes du Yunnan et du Quang-si, l'Indo-Chine se charge de l'entre- « tien et de l'exploitation de la partie d'Hanoï-gare incluse à Gia- « lâm-gare exclue, et la Compagnie, de Gia-lâm gare incluse à « la bifurcation de Yèn-viên. Chacune des deux parties supportera « seule la dépense de la section et des gares dont elle assure ainsi « l'entretien et l'exploitation ; mais toutes deux auront les mêmes « droits quant à la circulation des trains et du matériel roulant entre « Hanoï et Yèn-viên et à l'usage dans les gares de Hanoï, Gia-lâm et « Yên-viên des installations qui ne sont pas nécessairement affectées à « l'usage exclusif de celle des deux parties titulaire de la gare. En « conséquence aucune taxe qui, dans ces conditions, constituerait sous « une autre forme, un péage supplémentaire, ne sera perçue ni de « part ni d'autre, pour la circulation des trains et du matériel roulant, « entre Hanoï et Yèn-viên, et pour l'usage des gares communes ; les « dépenses mises de la sorte à la charge de la Compagnie étant tenues « pour équivalentes au montant du péage prévu par l'article 15 de la « Convention du 15 juin 1901 »;

En conséquence, et pour assurer l'application des principes sus-rappelés, les mesures de détail suivantes ont été adoptées d'un commun accord et seront mises en vigueur dès le 1er avril 1903, date de la reprise de l'exploitation de la ligne de Haïphong à Hanoï, par la Compagnie française des Chemins de fer de l'Indo-Chine et du Yunnan.

CHAPITRE PREMIER

SECTIONS COMMUNES — ENTRETIEN — CIRCULATION DES TRAINS HORAIRES — MESURES DE SÉCURITÉ

Article premier

La partie commune aux lignes du Quang-si et du Yunnan s'étend de la gare d'Hanoi incluse à la bifurcation de ces deux lignes en avant de la gare de Yên-viên.

Cette partie comprend deux sections : la première, de l'entretien et de l'exploitation de laquelle se charge l'Indochine, sétend de la gare d'Hanoi incluse au disque avancé de la gare de Gia-lâm, côté Hanoi ; et la seconde, de l'entretien et de l'exploitation de laquelle se charge la Compagnie, de la gare de Gia-lâm incluse à la bifurcation même, à Yen-vien, des deux lignes se dirigeant l'une sur Langson l'autre sur Lao-kay.

Article 2

Chaque Administration assurera seule à ses frais, risques et périls et par les moyens et systèmes de son choix, et sous sa responsabilité exclusive, l'entretien et la surveillance de la ligne sur la section commune dont la charge lui incombe.

Article 3

Pour l'exploitation proprement dite de la partie commune, tout en demeurant chargée d'assurer seule à ses frais, risques et périls et sous sa responsabilité exclusive, l'exploitation de la partie commune dont la charge lui incombe, chaque Administration n'en demeurera pas moins tenue de se mettre d'accord avec l'autre Administration sur les moyens et systèmes à employer dans le but d'assurer la sécurité, la régularité et la commodité de la circulation des trains et des machines, sur la section commune dont elle a charge. Toutefois, dans le cas d'avarie ou d'accident résultant d'une façon indiscutable d'un vice du matériel ou d'une faute du personnel de l'autre Administration, la responsabilité retomberait alors sur cette dernière.

Article 4

Les deux Administrations auront notamment à arrêter d'un commun accord, la marche des trains réguliers, facultatifs et autres appelés à circuler sur la partie commune, ainsi que tous les changements qui pourront être apportés aux horaires correspondants. On prendra comme point de départ de cet accord les marches de trains et horaires établis par l'Administration des Chemins de fer de l'Indochine pour la période antérieure au 1er avril 1903.

Article 5

A titre de disposition transitoire et jusqu'à nouvel avis, le chef de gare d'Hanoi exercera les fonctions d'agent spécial de la voie unique sur la ligne de Gia-lâm à Haiphong, sous les ordres du chef du Mouvement de la Compagnie.

A partir du jour que fixera la Compagnie des Chemins de fer de l'Indochine et du Yunnan, et qu'elle portera à la connaissance de l'autre Administration huit jours à l'avance, la Compagnie assurera directement le service de la circulation de ses trains entre Gia-lâm et Haiphong, par l'intermédiaire de son chef de gare de Gia-lâm, nommé à cet effet agent spécial de la voie unique, de Gia-lâm inclus à Haiphong, et qui communiquera à ce titre avec le chef de gare d'Hanoi, agent spécial de la voie unique pour les lignes du Quang-si.

Enfin, à partir du jour même de la remise de la section de Gia-lâm à Viétri, à la Compagnie, celle-ci assurera seule le service de la circulation de tous les trains sur la section commune dont l'exploitation lui incombe, c'est-à-dire entre Gia-lâm et Yên-viên, en même temps que sur la section indépendante de Yên-viên à Viétri et plus tard ses au-delà. C'est le chef de gare de Gia-lâm qui remplira alors les fonctions d'agent spécial de la voie unique de la ligne continue d'Haiphong à Gia-lâm, Yên-viên, Viétri et qui communiquera à ce titre tant avec le chef de gare de Yên-viên qu'avec le chef de gare de Hanoi, agent spécial de la voie unique de la ligne du Quang-si.

CHAPITRE II

GARES COMMUNES — ENTRETIEN — EXPLOITATION

ARTICLE 6

Sont, comme entretien et exploitation, à la charge de l'Indochine, les gares communes de Hanoi et de Yên-viên, et à la charge de la Compagnie, la gare commune de Gia-lâm.

Les plans de ces gares annexés au présent règlement font connaître en détail avec toute précision :

a) celles des installations de ces gares qui sont communes aux deux Administrations et dont celles-ci ont au même titre la jouissance ;

b) celles de ces installations exclusivement affectées à l'Administration titulaire de la gare, et chargée à ce titre de l'entretien et de l'exploitation de l'ensemble ;

c) enfin celles de ces installations exclusivement affectées, comme usage, par Administration titulaire de la gare, à l'autre Administration.

Article 7

En principe, toutes les installations nécessaires au fonctionnement de la gare et qui sont du ressort du service du Trafic et Mouvement appartiennent à la communauté, comme usage. Le reste, qui comprend notamment les installations de l'Administration centrale, des services de la Voie et des Bâtiments, des Services du Matériel et de la Traction, est du ressort exclusif de l'Administration titulaire de la gare. Quant à la partie réservée à l'usage exclusif de l'autre Administration, elle est composée, par l'aménagement soit d'un élément du bâtiment principal des voyageurs soit d'un pavillon spécial juxtaposé, d'un bureau pour le représentant de l'Administration non titulaire de la gare, d'un bureau dortoir pour le personnel des trains et d'une annexe pour servir de remise aux outils, agrès, matières d'éclairage et de graissage...., nécessaires aux trains de passage.

Article 8

Pour la gare de Yên-viên, il est spécifié toutefois, à titre exceptionnel, que tout en demeurant comme surveillance, exploitation et police, sous la dépendance exclusive de l'Administration des Chemins de fer de l'Indochine, celle-ci laisse à la charge de la Compagnie l'entretien des voies, trottoirs et bâtiments exclusivement affectés au service de la ligne du Yunnan et disposés le long de la voie principale de cette ligne.

Article 9

Sous bénéfice de stipulations de l'article précédent et pour tout ce qui ne lui est pas contraire, il demeure entendu que chaque Administration assure au mieux des intérêts de tous la surveillance, l'entretien et l'exploitation, y compris la police, de la gare commune dont elle est titulaire, et ce, à ses frais, risques et périls, par les voies et moyens de son choix et sous sa responsabilité exclusive.

En conséquence, l'embarquement et le débarquement des voyageurs, la manutention, la conservation et la livraison des bagages, messageries et marchandises, en grande et petite vitesse, la perception des taxes de toutes natures, la préparation des pièces comptables, le service télégraphique, la composition, l'expédition et la réception des trains, etc... en un mot, toutes les opérations que comporte un service complet de gare, seront exécutées dans chaque gare commune par les agents de l'Administration titulaire de cette gare.

Article 10

Les agents des gares communes se conformeront, pour la composition des trains, les rapports et écritures de service et la comptabilité en général, aux règlements spéciaux en vigueur dans chaque Administration, et ainsi qu'aux instructions particulières qui pourront leur être données par leurs chefs de Service respectifs, à quelque Administration qu'ils appartiennent.

Article 11

Les inspecteurs et contrôleurs du Trafic et Mouvement et de la Comptabilité des deux Administrations donneront directement des ordres aux chefs des gares communes, mais uniquement au sujet du service des trains de l'Administration à laquelle ils appartiennent, ainsi qu'au sujet des écritures du trafic de ces gares communes avec les gares de leurs réseaux respectifs.

Article 12

La Compagnie appliquera à son personnel fixe de la section de Gia-lâm à Yèn-viên et de la gare de Gia-lâm, ainsi qu'aux mécaniciens et agents de ses trains circulant sur les sections d'Hanoi à Gia-lâm et dans les gares d'Hanoi et de Yèn-viên, les amendes et punitions que l'Administration des Chemins de fer de l'Indo-Chine croira devoir requérir; et réciproquement l'Administration des Chemins de fer de l'Indo-Chine appliquera, de même, à son personnel fixe de la section d'Hanoi à Gia-lâm et de ses gares d'Hanoi et de Yèn-viên ainsi qu'aux mécaniciens et agents de ses trains circulant sur la section de Gia-lâm à Yên-viên et dans la gare de Gia-lâm, les amendes et punitions que la Compagnie croira devoir requérir.

Article 13

Les billets, imprimés et registres de toute nature, seront fournis par les Administrations intéressées, chacune pour ce qui concerne son service exclusif.

Article 14

La communauté ne s'étendra pas, toutefois, aux services de la Traction et du Matériel roulant, services auxquels chaque Administration pourvoira dans les gares communes.

Toutefois, les matières nécessaires à l'entretien du matériel ainsi qu'à l'éclairage des trains pourront être fournies par une Administration à l'autre en cas de besoin.

Ces fournitures seraient faites sur bons et remboursables en nature.

CHAPITRE III

TRAFIC LOCAL ET TRANSIT

ARTICLE 15

Les deux Administrations ayant les mêmes droits pour l'usage des gares communes, l'Administration titulaire de la gare conservant seule à sa charge les frais d'entretien et d'exploitation de la dite gare, il en résulte que les frais de toutes sortes de manutention et autres, exigés pour le passage et le séjour des bagages, messageries, et marchandises dans la gare, incombent à l'Administration titulaire ; tandis que les perceptions faites à titre de frais de transport et accessoires (dépôt de bagages, magasinage...) sont acquises à l'Administration qui a conclu le contrat de transport.

L'Administration titulaire de la gare commune demeure d'ailleurs responsable vis-à-vis de l'autre des sommes à encaisser du chef de ce contrat de transport, ainsi que de la conservation des bagages, messageries et marchandises dont elle doit assurer la remise ou la livraison.

Par suite, des réserves seront à faire, s'il y a lieu, soit au chargement, soit au déchargement des bagages, messageries et marchandises dans la gare. Ces réserves à échanger entre agents de gare et agents de train, seront notées sur les feuilles de chargement et relatées sur le rapport des Chefs de gare.

ARTICLE 16

Lorsque des marchandises, ayant pour gare destinataire une gare commune n'appartenant pas à l'Administration qui a fait le transport, peuvent être, soit par abandon, soit par refus, l'objet d'une mise en vente, il en sera référé à l'Administration qui a fait le transport, par l'Administration qui en poursuit la liquidation.

ARTICLE 17

Chaque Administration se réserve le droit de transporter les marchandises qui lui sont confiées et à destination d'un réseau sur l'autre, de façon à percevoir les prix de transport jusqu'aux gares limites de son réseau, sans qu'il en résulte toutefois d'allongement de parcours à payer par la marchandise. Le mode de comptabilité que l'on adoptera sera celui du trafic scindé exposé plus loin.

Article 18

Les dépenses pour la transmission des marchandises,dans les gares communes où ces marchandises transitent sont compensées par des recettes prévues aux tarifs.

Ces recettes seront partagées par moitié entre les deux Administrations.

Article 19

Les marchandises seront en général transbordées aux gares de transit. Cependant les wagons complets ou suffisamment chargés (pour qu'il y ait intérêt à éviter le transbordement) pourront continuer d'un réseau à l'autre. Un ordre de service ultérieur fixera les charges minima que ces wagons devront porter.

Article 20

Aux gares de transit, les chefs de ces gares, en cas de manquants ou d'avaries dans les marchandises transbordées, prendront des réserves qu'ils inscriront sur les bordereaux de transmission. Ils devront toujours prévenir le représentant des intérêts de l'autre Administration, s'il est présent à la gare, pour permettre à ce dernier de procéder à une reconnaissance contradictoire des marchandises.

Article 21

Les avaries ou manquants qui n'auront pas fait l'objet de réserves au moment de la transmission de la marchandise resteront à la charge de l'Administration cessionnaire.

Article 22

Les wagons plombés par les expéditeurs doivent passer au point de transit sans transbordement et rester intacts jusqu'à la destination réelle. La gare expéditrice est tenue d'indiquer sur la lettre de voiture et la feuille de chargement, le nombre et la marque des plombs apposés sur chaque wagon.

L'état de ces plombs devra être reconnu avec soin et indiqué sur le bordereau de transmission.

Article 23

Toutes les conséquences de rupture de plombs qui n'auront pas fait l'objet de réserves à la transmission resteront à la charge du cessionnaire.

Article 24

Lorsqu'un wagon plombé par l'expéditeur est arrivé intact à destination, les avaries et manquants reconnus contradictoirement avec le destinataire resteront à la charge de l'Administration expéditrice, pourvu toutefois qu'au moment du déchargement des marchandises, ces avaries et manquants aient été constatés par l'Administration cessionnaire sur un livre tenu à cet effet dans les gares d'arrivée, et qu'il en ait été donné avis, dans un délai de vingt-quatre heures au plus, à l'Administration cédante.

Article 25

Les indemnités à payer pour manquants et avaries constatés au déchargement de wagons non plombés mais ayant continué d'un réseau sur l'autre (dans la condition déterminée à l'article 19) seront partagées par moitié entre les deux Administrations à la condition que les avaries ou manquants auront été constatés dans les formes prescrites à l'article précédent.

Article 26

Cependant, si les avaries paraissaient attribuables au vice même de la chose ou à une insuffisance d'emballage, l'Administration destinataire devrait prendre telles mesures qu'il appartiendra pour sauvegarder les intérêts de l'Administration expéditrice.

Avis des mesures prises sera aussitôt donné à cette dernière pour qu'elle puisse au besoin mettre l'expéditeur en cause.

Article 27

Les retenues pour retards, quand il y a lieu de les subir, sont supportées par les Administrations fautives au prorata du nombre de jours de retard incombant à chacune d'elles.

Article 28

Lorsque les diverses pièces (récépissé ou lettre de voiture, pièces de régie...) qui accompagnent les marchandises présentent des divergences relatives à la désignation de vitesse, de la destination..., les chefs de gare de transit doivent en principe et malgré ces divergences donner cours au transport, sous la responsabilité de l'Administration cédante, en s'en rapportant aux indications portées sur la lettre de voiture ; mais ils en aviseront télégraphiquement la gare expéditrice pour que l'erreur puisse être régulièrement réparée le plus tôt possible.

CHAPITRE IV

COMPTABILITÉ ET CONTROLE

Article 29

La comptabilité du trafic local étant tenue dans les conditions fixées par l'article 8, la comptabilité des transports passant d'un réseau sur l'autre est établie en trafic scindé pour le transport des marchandises G. V. et P. V.

Les gares expéditrices calculent les taxes en port payé jusqu'à la gare destinataire, mais font suivre sous la forme d'au-delà payé au départ, la part afférente à l'autre réseau.

Les taxes en port dû sont établies jusqu'à la gare de transit seulement, qui est considérée comme gare destinataire.

Cette dernière prend donc charge de ces arrivages, et s'en crédite par remise sur l'autre réseau en établissant de nouvelles expéditions.

Les prix de transport sur le 1er réseau suivent en débours sur le deuxième.

Article 30

Les gares communes tiendront, par suite, deux séries de livres d'expéditions et d'arrivages pour chaque réseau : un livre pour le local, d'une part, et un livre pour le transit, d'autre part.

Article 31

Les gares communes adressent en fin de mois aux contrôles des deux réseaux, deux séries de relevés d'expéditions les uns pour les expéditions « local », les autres pour les expéditions « transit », ainsi que deux relevés d'arrivages pour le local et le transit.

Les relevés d'expéditions ou d'arrivage en transit indiqueront la provenance ou la destination réelle des marchandises.

Article 32

La réfection des écritures nécessitée par la réexpédition d'un réseau sur l'autre donnera toujours lieu à la création de nouvelles déclarations d'expédition et feuilles de route accompagnant les récépissés.

Article 33

Les remboursements grèvant les transports en trafic scindé suivent comme remboursement sur l'autre réseau.

A cet effet, la gare de transit se crédite du montant des frais de transport par remise, dans la forme prévue ci-après, et du remboursement sous la rubrique « remboursement suivi sur remise de (telle Administration) à (telle autre) en G. V. et P. V. » et réciproquement.

Le total des remboursements figurant sur le relevé des arrivages de la gare de transit d'un réseau à destination de l'autre, doit être égal au montant des remboursements suivis sur remise, porté au crédit de la liquidation de la gare de transit, étant donné, comme il est dit plus loin, que la réexpédition des articles par sur remise à lieu le jour de la prise en charge aux arrivages, afin d'éviter le chevauchement de la comptabilité d'un mois sur l'autre.

Article 34

La gare de transit prend en charge dans la forme ordinaire les arrivages P. V. et G. V. des transports en trafic scindé, en provenance de l'un ou de l'autre réseau.

S'il s'agit de port dû elle s'en crédite sous la forme « Remise à (la Compagnie ou aux Chemins de fer de l'Indo-Chine) en port dû G. V. ou P. V. »

S'il s'agit de port payé, l' « au delà » payé au départ est pris en charge, et balancé au débit sous la forme « Remise (à la Compagnie ou aux Chemins de fer de l'Indo-Chine) en port payé G. V. ou P. V. »

Article 35

Les gares de transit sont responsables : des taxes en port dû jusqu'au point de transit des expéditions destinées à l'autre réseau, et des « au delà » payés au départ en provenance de l'autre réseau sur les expéditions faites par ce réseau en port payé.

Article 36

Lorsqu'une gare de transit relève des différences sur les « au-delà » elle verse comme bonification au compte « Sommes à disposition » le trop perçu et se débite seulement de la somme réellement due comme port payé.

Si la différence est en moins, la gare de transit prend charge de l'« au delà » rectifié, et reprend en débours la différence sur la gare expéditrice.

Article 37

Afin de faciliter les vérifications de comptabilité et les opérations du contrôle, les articles passés en « Remise » sont liquidés à la journée comptable de leur prise en charge.

Article 38

Les gares de transit fonctionnent, au point de vue comptable, comme gares propres de chaque réseau, et comme telles, tiennent une situation et une caisse séparées pour chacun d'eux. Elles auront donc, à moins d'ordres contraires, à envoyer leurs recettes à leurs caisses centrales respectives comme les autres gares.

Article 39

Les rectifications au débit imposées par les contrôles aux gares de transit sont liquidées dans la forme ordinaire et créditées, s'il y a lieu, au moyen de « Sommes à disposition ».

Article 40

Les contrôles établissent à la fin de chaque mois un état de compte courant avec le réseau correspondant.

Sur ces états sont portées, pour le premier réseau : d'une part les « sommes à disposition » du second et, d'autre part : les « sommes à recouvrer » de ce second.

Les « sommes à disposition » du second comprennent :

1o Les « au-delà » sur expéditions en provenance du premier réseau sur l'autre ;

2o Les « ports dûs » G. V. et P, V. pour transports effectués sur le second réseau et dont le montant est encaissé par le premier ;

3o Les bonifications sur « au-delà », s'il y a lieu.

Les « sommes à recouvrer » du second comprennent :

1o Les « au-delà » payés à ce second réseau pour la part de transports effectués sur le premier réseau en G. V. et P. V. ;

2o Les « ports dûs » afférents aux transports effectués sur le premier réseau et liquidés dans les gares du second ;

3o Les indemnités et détaxes payées dans les gares du premier réseau pour le compte du second.

Un état analogue est établi pour le second réseau.

Article 41

Les transports sur réquisition ne sont effectués qu'avec des réquisitions spéciales établies à raison d'une par transport et par parcours sur chacun des deux réseaux.

Les arrivages sont pris en charge, par les gares de transit, sur les livres d'arrivages, comme il a été dit pour les expéditions en port dû.

Ces gares s'en créditent, ou balancent ces prises en charge, par l'envoi des réquisitions spéciales correspondantes, au contrôle de l'Administration à laquelle appartient le premier transport.

Avec la deuxième réquisition spéciale à l'autre réseau, elles font une expédition sur cet autre réseau. De cette façon, chaque réseau liquide, pour son propre compte, chaque transport effectué.

CHAPITRE V.

MATÉRIEL ROULANT, ÉCHANGE ET LOCATION.

Article 42

L'échange direct du matériel entre les deux Administrations se fera par les gares communes.

Article 43

La réparation et l'entretien normal du matériel échangé s'effectueront par les soins et au compte de l'Administration propriétaire du matériel.

ARTICLE 44

Le nettoyage, le lavage et le graissage auront lieu par les soins et à la charge de l'Administration sur le réseau de laquelle le matériel circule.

D'une façon générale, tout wagon, avant de circuler, devra avoir ses boites à graisse remplies par les soins de celle des deux Administrations qui l'emploiera.

ARTICLE 45

Les feuilles d'échange du matériel constatant la livraison et la restitution du matériel, aux gares communes, seront journellement remplies en double par les soins des chefs de ces gares et envoyées par eux aux chefs de mouvement des deux réseaux.

ARTICLE 46

Les frais de location par journée de 24 heures, comptées de minuit à minuit, sont fixés à 1 franc par jour pour tout véhicule à deux essieux et à 2 francs pour tout véhicule à boggies.

Le jour de la livraison et celui de la restitution sont comptés chacun pour un jour d'absence, sauf quand les wagons sont restitués le jour même de la livraison.

Les dimanches et jours fériés sont comptés comme jours ordinaiaires.

ARTICLE 47

Dans le cas où un véhicule quelconque en location éprouverait une avarie de nature à en empêcher la circulation, il ne sera pas perçu de frais de location pendant l'immobilisation, pourvu qu'avis en soit donné, dans le plus bref délai possible, à l'Administration cédante. Les avaries survenues au matériel roulant dans une gare commune restent à la charge de l'Administration propriétaire de la gare, si elles ne proviennent pas d'un défaut de ce matériel.

ARTICLE 48

Les frais de location sont établis mensuellement par chaque Administration au moyen de feuilles d'échange.

Les soldes débiteurs seront arrêtés chaque trimestre, après vérification, et réglés en espèces en fin d'année.

Article 49

Les bâches de chaque Administration utilisées à couvrir un chargement en transit seront admises à passer d'un réseau sur l'autre sans redevance.

Mention du numéro de chaque bâche sera faite ;

1o sur les feuilles de chargement ;

2o sur les feuilles d'échange de matériel.

Si les bâches ne pouvaient servir à couvrir les marchandise chargées en retour, elles seraient renvoyées en restitution au moyen d'une expédition régulière en service, qui mentionnera leurs numéros, pour permettre de constater la restitution.

Article 50

Il en sera de même des prolonges mobiles de chaque Administration et agrès de quelque valeur.

Leur prise en charge sera constatée sur la feuille de chargement et sur la feuille d'échange de matériel.

Ils devront ensuite être retournés en service, accompagnés d'une expédition régulière pour restitution.

Article 51

En cas de perte de bâches ; il sera remboursé à l'Administration cédante le prix d'achat, sous déduction du 1/3 de ce prix par année d'usage sans que l'indemnité puisse être inférieure au tiers de la valeur d'acquisition.

Fait double à Hanoï, le trente mars mil neuf cent trois.

Lu et approuvé l'écriture ci-dessus,
Signé : BORREIL

Vu et approuvé
Le Directeur Général de la Compagnie Française,
Signé : GETTEN

Lu et approuvé l'écriture ci-dessus,
Signé : LE BOURHIS

Vu et approuvé
Le Directeur Général des Travaux Publics
Signé : GUILLEMOTO

C) — Convention du 27 mai 1904

étendant à ligne entière de Haiphong à Laokay les dispositions de l'article 8 de la Convention du 6 mars 1903.

Entre les soussignés :

M. de Larminat Directeur Général *p. i.* des Travaux Publics de l'Indochine, agissant au nom et sous réserve de l'approbation de M. le Gouverneur Général de l'Indo-Chine,

d'une part ;

et M. Getten, Directeur Général de la Compagnie française des chemins de fer de l'Indo-Chine et du Yunnan, agissant au nom de la Compagnie, en vertu des pouvoirs qui lui ont été conférés suivant procuration en date du 3 février 1904 ;

d'autre part ;

Il a été convenue ce qui suit :

Les dispositions de l'article 8 de la Convention intervenue le six mars mil neuf cent trois, entre MM. Ch. Guillemoto, Directeur Général des Travaux Publics de l'Indo-Chine, et M. Getten, Directeur Général de la Compagnie Française des chemins de fer de l'Indo-Chine et du Yunnan, Convention approuvée par M. le Gouverneur Général de l'Indo-Chine le 6 mars 1903, sont étendues dans les termes suivants à l'ensemble de la ligne de Haiphong à Laokay.

Au cours de la visite et de la reconnaissance de la ligne de Haiphong à Laokay qui seront faites contradictoirement par les représentants de l'Indo-Chine et de la Compagnie, il sera procédé à la détermination contradictoire des installations et des outillages nécessaires encore pour que la ligne puisse être considérée comme en état de réception définitive comme satisfaisant aux conditions du contrat. Le délai accordé à la Compagnie pour produire ses réclamations au sujet de la ligne entière de Haiphong à Laokay prendra fin trois mois après que remise aura été faite à la Compagnie de la ligne et des documents établissant sa consistance exacte.

Il sera néanmoins fait, dans un délai de trois mois à compter de la date de la présente Convention pour les parties de la ligne déjà exploitées et dans le même délai à compter de l'ouverture à l'Exploitation, pour chaque tronçon non encore actuellement exploité, un inventaire contradictoire des installations et outillages remis à la Compagnie par la Colonie.

Pour les installations et outillages complémentaires dont devra être pourvue la ligne et qui n'incomberont pas à la Compagnie aux termes de l'article 4 de la Convention du 15 juin 1901, il est entendu que, dans le but de ne pas laisser enchevêtrés sur les différentes sections au fur et à mesure de leur mise en exploitation des éléments relevant, les uns de l'Indo-Chine et les autres de la Compagnie, installations et outillages (à l'exception des installation et outillages auxquels l'Administration aurait, soit matériellement, soit par voie d'engagement souscrit donné un commencement d'exécution) seront établis et fournis directement par la Compagnie sur projets dressés par elle et approuvés par l'Administration, dans le délai maximum d'un mois après leur présentation. Les dépenses correspondantes qui résulteront des travaux et fournitures faits sur adjudications ou appels d'offres seront remboursées à la Compagnie dans les trois mois qui suivront la présentation des mémoires. Ces mémoires, qu'accompagneront les pièces justificatives nécessaires, comporteront le montant total des dépenses localisées avec une majoration de dix pour cent (10 o/o) pour frais généraux d'administration de la Compagnie et intérêts des capitaux.

Les frais de timbre et d'enregistrement du présent acte sont à la charge de la Compagnie Française des chemins de fer de l'Indo-Chine et du Yunnan.

La présente Convention ne deviendra définitive et n'obligera le Gouvernement Général qu'après avoir été revêtue de l'approbation du Gouverneur Général.

Fait double à Hanoi, le vingt sept mai mil neuf cent quatre.

Lu et approuvé l'écriture ci-dessus.

Le Directeur Général
de la Compagnie,

GETTEN.

Lu et approuvé l'écriture ci-dessus

Le Directeur Général p. i.
des Travaux Publics,

De LARMINAT.

No 1548. — Approuvé.

Hanoi le 27 mai 1904

Le Gouverneur Général

BEAU

D) — Compromis d'arbitrage du 18 juillet 1904 pour la remise de la section Viétri-Yên-Bay.

L'an 1904 et le 18 du mois de juillet,

Entre les soussignés, savoir :

1o. — M. de Larminat, Directeur Général des Travaux Publics p. i. agissant au nom et pour le compte du Gouvernement Général de l'Indochine et sous réserve expresse de la ratification ultérieure de M. le Gouverneur Général,

D'une part ;

2o. — Et M. le Bourhis, Ingénieur en Chef de l'Exploitation de la Compagnie des Chemins de fer de l'Indochine et du Yunnan agissant au nom et pour le compte de la dite Compagnie,

D'autre part;

Il a été préalablement exposé ce qui suit :

La remise provisoire à la Compagnie sus-nommée de la ligne de Viétri à Yênbay, section de la ligne du Chemin de fer de Haiphong à Laokay, a soulevé, de la part de M. Le Bourhis, es-qualifié, des contestations diverses.

D'autre part, l'article 15 du Cahier des Charges en date du 15 juin 1901 régissant les rapports de l'Indochine et de la Compagnie dont s'agit, prévoit dans sa disposition finale que « dans le cas où la remise au concessionnaire de travaux exécutés par la Colonie soulèverait des contestations, elles seraient réglées par voie d'arbitrage. »

Ceci exposé et pour se conformer à cette prescription du contrat, il a été convenu ce qui suit :

Art. 1. — Les soussignés, es-qualités qu'ils agissent, conviennent de soumettre à un arbitrage les contestations soulevées par la Compagnie des Chemins de fer de l'Indochine et du Yunnan touchant la remise à cette Compagnie de la section de Viétri à Yênbay, construite par la Colonie.

Art. 2. — Conformément à l'article 55 du Cahier des charges, M. de Larminat, au nom du Gouverneur Général de l'Indo-Chine, désigne comme son arbitre M. Borreil ingénieur en Chef de la 1re Circonscription des chemins de fer et M. Le Bourhis, au nom de la Compagnie s'est désigné lui-même. M. M. Borreil et Le Bourhis restent, en exécution de l'article 55 sus-visé, chargés de désigner un troisième arbitre.

Art. 3. — La durée du présent compromis est fixée à un mois.

Art. 4. — Les arbitres ci-dessus désignés resteront libres de fixer eux-mêmes, s'il y a lieu, dans leurs diverses décisions, les délais et les formes de la procédure qui devra être suivie.

Art. 5. — Ils ne seront point astreints à statuer exclusivement d'après les règles de droit, le pouvoir de prononcer comme amiables compositeurs leur étant ici expressément reconnu.

Art. 6. — Les soussignés déclarent en outre renoncer formellement à interjeter appel du jugement arbitral qui interviendra.

Art. 7. — Les objets sur lesquels porte le présent compromis sont les suivant, savoir :

1o. — Quels sont les travaux dont l'exécution immédiate est indispensable pour assurer l'exploitation de la section Viétri à Yènbay dans les conditions convenables.

2o. — A quelle partie, ici comparante, incombe l'exécution de ces travaux.

3o. — S'ils incombent à la Colonie, quel serait le mode d'exécution qui porterait le moins de gêne à l'exploitation et quels seraient les meilleurs moyens pour y parvenir.

4o. — A qui devront incomber les conséquences pouvant résulter du défaut actuel des travaux complémentaires qui seraient reconnus nécessaires.

5o. — Les arbitres décideront sur l'imputation des frais du présent compromis et de ses suites.

Art. 8. — Il est formellement stipulé que les dispositions du présent acte n'apportent aucune dérogation à celles de la Convention intervenue entre les parties le 27 mai 1904, cette dernière devant continuer à porter son plein et entier effet.

Art. 9. — Le présent compromis deviendra définitif et n'obligera la Colonie qu'après la ratification de M. le Gouverneur Général de l'Indochine.

Fait double à Hanoi, le jours, mois et an ci-dessus.

Lu et approuvé l'écriture ci-dessus,
DE LARMINAT

Lu et approuvé l'écriture ci-dessus,
LE BOURHIS.

No 2776. — Approuvé :
Hanoi, le 12 octobre 1904,
Le Gouverneur Général,
BEAU

E.) — Premier Avenant du 1er novembre 1904 à la Convention du 30 mars 1903

portant règlement des sections et gares communes du Quang-Si et du Yunnan.

Entre les soussignés :

M. H. Dussaix, Ingénieur, Chef de la Circonscription d'Exploitation des chemins de fer de l'Indochine, représentant cette Administration et sous réserve de l'approbation de Monsieur le Directeur Général des Travaux Publics de l'Indochine,

d'une part ;

et M. le Bourhis, Ingénieur en chef, Directeur de l'Exploitation de la Compagnie Française des chemins de fer de l'Indochine et du Yunnan, représentant cette Compagnie et sous réserve de l'approbation de Monsieur le Directeur Général de cette Compagnie.

d'autre part ;

Il a été dit et convenu ce qui suit :

EXPOSÉ :

Dans le but de faciliter l'échange du matériel roulant, spécialement en ce qui concerne le wagon-salon, les wagons postes et les wagons ambulances, il a été décidé que l'article ci-dessous énoncé et fixant les conditions de cet échange, serait ajouté à la Convention passée entre les parties le 30 mars 1903, chapitre V, « Matériel roulant — échange et location ».

CHAPITRE V

MATÉRIEL ROULANT, ÉCHANGE ET LOCATION.

Article 52

Les prix d'échange du matériel roulant spécial, énoncé ci-après, seront fixés comme il suit :

Io) — *Wagon-salon.* — a). — La location du wagon-salon sera gratuite toutes les fois que ce véhicule sera attelé à un train régulier de la Compagnie Française des chemins de fer de l'Indochine et du Yunnan, pour *le service particulier* de Monsieur le Gouverneur Général.

b). — Le prix de location du wagon-salon sera fixé à cinq francs dans tous les cas où ce véhicule, circulant sur le réseau exploité par la Compagnie du Yunnan, fera l'objet d'une perception quelconque de la part de cette Compagnie.

Dans tous les cas, le wagon-salon sera, à moins d'ordres contraires, renvoyé à Hanoi aussitôt le voyage terminé.

IIo) — *Wagons postes.* — Il ne sera perçu aucun droit de location pour ces véhicules, qui ne figureront que pour mémoire sur les états d'échange de matériel établi par la Compagnie et par les Chemins de fer de l'Indochine.

IIIo) *Wagons ambulances.* — La taxe à percevoir, pour les wagons de cette catégorie, est fixée de la façon suivante :

Chaque fois qu'un wagon ambulance sera attelé à un train de la Compagnie du Yunnan, il sera perçu, par les Chemins de fer de l'Indochine, une taxe fixée au 1/4 de la somme perçue par la Compagnie.

Fait double à Hanoi, le premier novembre mil neuf cent quatre.

Lu et approuvé l'écriture ci-dessus,	Lu et approuvé l'écriture ci-dessus.
DUSSAIX	LE BOURHIS

F.) — Convention du 24 janvier 1906
relative à la remise de la section de Yên-Bay à Laokay

Entre les soussignés :

M. Guillemoto, Directeur Général des Travaux Publics de l'Indo-Chine, agissant au nom et pour le compte du Gouvernement de l'Indochine sous réserve de l'approbation du Gouverneur Général,

d'une part,

et Monsieur Le Bourhis, Directeur de l'Exploitation de la Compagnie française des Chemins de fer de l'Indo-Chine et du Yunnan, agissant par délégation du Directeur de la dite Compagnie,

d'autre part,

Il a été convenu ce qui suit :

La Compagnie française des Chemins de fer de l'Indo-Chine et du Yunnan accepte d'exploiter dans les conditions provisoires suivantes et en attendant son complet achèvement, la section de Yenbay à Laokay à partir du premier février 1906.

1o. — L'Indo-Chine garantit la Compagnie française de toutes les conséquences pécuniaires ou autres qui pourraient résulter de l'état de cette section avant son complet achèvement.

2o. — L'entretien des terrassements, de la voie et des ouvrages d'art restera à la charge du service de la Construction des Travaux Publics.

Dans le cas où un défaut d'entretien pouvant compromettre la sécurité serait constaté, la Compagnie, à défaut de l'Administration des Travaux Publics régulièrement avisée, fera le nécessaire ; mais les dépenses résultant de ce chef lui seront remboursées.

3o. — Le service des Travaux Publics fera établir aussitôt que possible, si la possibilité en est reconnue, une voie en cul de sac se détachant de la voie principale entre la tranchée de Laokay et gare de ce nom et mettant en communication le Chemin de fer avec le bâtiment de la Douane ; concurremment avec cette solution on étudiera la possibilité de raccorder la gare de Pho-moi avec l'ancien bâtiment de la Douane de Pho-moi situé sur le bord du Fleuve-Rouge et on choisira la plus avantageuse des deux solutions.

4o. — Les dépenses supplémentaires qui résulteront du manque d'installations pour le personnel européen et indigène de la Compagnie, manque d'installations qui pourrait empêcher l'exploitation, seront remboursées à la Compagnie sous la forme de prélèvements sur les recettes du Chemin de fer revenant à la Colonie, et ce, jusqu'à ce que les bâtiments et voies de la gare de Pho-moi aient été remis à la Compagnie.

5o. — Cette Convention portera effet tant que la voie et les installations nécessaires, dont l'établissement incombe normalement au Service des Travaux Publics, ne seront pas complètement terminées et remises à la Compagnie.

Les travaux à faire à la voie comportant notamment le ballastage à terminer au profil réglementaire, les raccordements paraboliques, l'achèvement complet des ouvrages d'art, la voie pourra être considérée comme en état de remise lorsque, tous les travaux terminés, on pourra supprimer tout ralentissement. Parmi les installations à achever, il y a à citer notamment les alimentations qui devront être définitives et non plus provisoires, les bâtiments et les voies de la gare de Pho-moi.

6o. — La Compagnie ne supportera pas les risques et dépenses résultant des éboulements, affaissements de remblais, corrosions du fleuve, inondations, jusqu'à ce que l'expérience ait montré quels sont les travaux de protection qu'il pourrait y avoir lieu d'exécuter.

Dans le cas ou l'accord ne pourrait s'établir sur ces travaux, on aurait recours à un arbitrage conformément à l'art 55 du Cahier des Charges.

Fait en double exemplaires, Hanoi le 24 janvier 1906.

Lu et approuvé.
GUILLEMOTO.

Lu et approuvé.
LE BOURHIS.

Contrôle Financier de l'Indo-Chine
Hanoi, le 26 janver 1906-407
CACHET

No 220. — APPROUVÉ :
Hanoi, le 26 janvier 1906
P. le Gouverneur Général et par Délégation
Le Secrétaire Général.
BRONI.

Gouverneur Général de l'Indo-Chine.
Cabinet du Gouverneur Général
CACHET

G.) — Convention du 7 juin 1906
relative à la construction de la remise à locomotives de Pho-Moi.

Entre les soussignés :

M. Bellat, chargé par intérim de la 1ère Circonscription des Études et Travaux de Chemins de fer, agissant au nom et sous réserve de l'approbation de M. le Gouverneur Général de l'Indo-Chine,

d'une part ;

Et M. Le Bourhis, Ingénieur en Chef, Directeur de l'Exploitation de la Compagnie Française des Chemins de fer de l'Indo-Chine et du Yunnan, présentant et agissant au nom de cette Compagnie et sous réserve de l'approbation de M. le Directeur Général de la dite Compagnie,

d'autre part,

il a été dit et convenu ce qui suit :

1o. — L'exploitation de la ligne de Haïphong à Yunnan-Sen nécessite la construction, en gare de Pho-Moi, d'un dépôt pour dix machines. Quatre de ces machines représentent les besoins de la portion de ligne située en territoire indo-chinois et les six autres les besoins de la portion de ligne située en territoire chinois.

Il en résulte que l'emprunt de 200 millions, d'une part, et la Compagnie Française des Chemins de fer de l'Indo-Chine et du Yunnan, de l'autre, ont à supporter respectivement la dépense afférente à la construction d'une remise de quatre machines pour l'emprunt, et de six machines pour la Compagnie.

2° — La solution qui semble préférable aux deux parties consiste à confier à l'une d'elle la construction d'une remise pour dix marchines du même type que celle de la gare de Gia-Lâm et à fixer la participation de la Compagnie aux six dixièmes $\left(\frac{6}{10}\right)$ de la dépense, les quatre dixièmes $\left(\frac{4}{10}\right)$ restants, étant à la charge de l'emprunt.

3° — Les soussignés sont d'accord pour décider que le soin de construire le bâtiment dont il s'agit sera dévolu à l'Administration des Travaux Publics qui passera, à cet effet, dans les formes habituelles, les différents marchés nécessaires.

4° — La Compagnie remboursera à l'emprunt de 200 millions, suivant les formes administratives ordinaires, les six dixièmes $\left(\frac{6}{10}\right)$ à sa charge, sur état auquel seront annexés les décomptes définitifs ou extraits des différentes entreprises ayant contribué à la construction de la remise qui fait l'objet de la présente Convention.

5° — Les plans d'exécution seront conformes à ceux qui ont été établis par la Compagnie et communiqués à l'Administration des Travaux Publics. Aucune modification ne pourra éventuellement y être apportée en cours d'exécution sans avoir été, au préalable, acceptée par la Compagnie.

Fait en double à Hanoï, entre les parties, le sept juin mil neuf cent six.

Lu et approuvé l'écriture ci-dessus
La Compagnie Française des Chemins de fer
de l'Indo-Chine et du Yunnan
P. Pon du Directeur Général
Le Directeur de l'Exploitation,
Signé : LE BOURHIS

Lu et approuvé l'écriture ci-dessus,
Signé : BELLAT

Vu :
Hanoi, le 1er juillet 1906
Le Secrétaire Général de l'Indochine,
Signé : ILLISIBLE

Vu et Soumis à l'approbation
de M. le Gouverneur Général :
Le Directeur Général des Travaux Publics,
Signé : JULLIDIERE

N° 2086
Approuvé en Commission permanente
du Conseil Supérieur de l'Indo-Chine
Le Gouverneur Général,
Signé : BEAU

H.) — Convention du 7 octobre 1907
relative à la construction d'un bureau et d'un magasin pour la remise à machines de Pho-Moi.

Entre les soussignés :

M. Desbos, Ingénieur en Chef du Contrôle des Chemins de fer et Tramways, agissant au nom et sous réserve de l'approbation de M. le Gouverneur Général de l'Indochine,

d'une part ;

et Monsieur Le Bourhis, Ingénieur en chef, Directeur de l'Exploitation de la Compagnie Française des Chemins de fer de l'Indochine et du Yunnan, représentant et agissant au nom de cette Compagnie,

d'autre part ;

il a été dit et convenu ce qui suit :

L'exploitation de la ligne de Haiphong à Yunnansen a nécessité la construction, en gare de Pho-moi, d'un dépôt pour dix machines, dont le projet a fait l'objet de la Convention approuvée sous le n° 2086, le 11 juillet 1906, par M. le Gouverneur Général.

Comme type, on a reproduit la remise de Gia-lâm. Mais cette remise ne comporte pas de bureau, ni magasin, parce qu'on a construit à côté une annexe pour les dépendances de ce dépôt.

La Colonie doit donc fournir à la Compagnie une annexe analogue à celles des autres remises de la ligne, soit deux petites pièces dont une formant bureau et l'autre magasin.

D'autre part, la Compagnie a obtenu de la Société de Construction la promesse de deux autres pièces semblables pour le service du dépôt de la ligne de Chine.

La solution qui semble préférable aux deux parties consiste à mettre ces deux annexes bout à bout.

Après diverses études, l'une et l'autre parties ont décidé de recourir au béton armé, et la Compagnie Française a pu obtenir de la Maison Lyard de Haiphong, l'engagement d'exécuter au prix forfaitaire de 6000 fr. un projet qui est agréé des deux parties.

Les soussignés sont d'accord pour décider que le soin de traiter avec M. Lyard et de surveiller l'exécution du bâtiment dont il s'agit sera dévolu à la Compagnie Française des Chemins de Fer de l'Indochine et du Yunnan.

L'Administration des Travaux Publics remboursera à la Compagnie, sur les fonds de l'emprunt de 200 millions, la moitié à sa charge, sur mémoire auquel sera annexé le mémoire de l'entrepreneur.

Les plans d'exécution seront conformes à ceux qui ont été établis par la Maison Lyard et communiqués par la Compagnie à l'Administration des Travaux Publics. Aucune modification ne pourra éventuellement y être apportée, en cours d'exécution, sans avoir été, au préalable, acceptée par l'Administration des Travaux Publics.

Fait en double à Hanoi, entre les parties.

Le sept octobre mil neuf cent sept.

Vu et approuvé l'écriture ci-dessus :
L'Ingénieur en Chef du Contrôle des Chemins de fer et Tramways,
Signé : DESBOS.

Vu et approuvé l'écriture ci-dessus.
Compagnie Française des Chemins de Fer de l'Indochine et du Yunnan
P. Pon du Directeur Général :
L'Ingénieur en Chef Directeur de l'Exploitation
Signé : LE BOURHIS.

Vu et soumis à l'approbation de M. le Gouverneur Général :
P. Le Directeur Général des Travaux Publics, p. i.
L'Ingénieur en Chef, Directeur Délégué
Signé : DE LARMINAT.

Visé au Contrôle Financier le 21 octobre 1907 no 3836.
Vu :
Le Directeur Général des Finances
Signé : GIIS.

No 2683
Saigon, le 4 décembre 1907
Approuvé en Commission Permanente du Conseil Supérieur de l'Indochine
Le Gouverneur Général,
Signé : BEAU.

I. — Deuxième avenant à la Convention du 30 mars 1903.

Transformation en piastres, au taux de 3 francs, des prix fixés à l'article 46 de la Convention du 30 mars 1903 pour frais de location du matériel roulant.

Entre les soussignés :

M. R. Rieus, Ingénieur en Chef p. i. de la Circonscription d'Exploitation des Chemins de fer de l'Indochine, représentant cette Administration, et sous réserve de l'approbation de M. l'Inspecteur Général des Travaux Publics de l'Indochine,

d'une part ;

et M. Chemin Dupontès, Directeur de l'Exploitation de la Compagnie Française des Chemins de fer de l'Indochine et du Yunnan, représentant cette Compagnie,

d'autre part ;

Il a été convenu ce qui suit :

Les prix fixés à l'article 46 de la convention du 30 mars 1903 pour frais de location de matériel roulant seront transformés en piastres sur le pied du taux fixe de trois francs.

Fait en double à Hanoi, le sept mai mil neuf cent vingt trois.

Lu et approuvé :
Signé : Rieus

Lu et approuvé :
Signé : Chemin Dupontès

Approuvé :
Hanoi, le 9 mai 1923
L'Inspecteur Général des Travaux Publics.
Signé : Pouyanne.

II. — POSTES TÉLÉGRAPHES ET TÉLÉPHONES

A. — Accord fixant le prix de manœuvre des wagons postaux.

No 3889.

Hanoi, le 10 août 1904.

Monsieur le Directeur des Postes et Télégraphes,

Hanoi.

Monsieur le Directeur,

Le Service des Postes d'Haiphong a demandé que les jours de courrier, le wagon postal soit amené aux Docks de manière à faciliter la manutention des sacs de dépêches et à activer le service postal.

Nous ne pouvons, à notre grand regret, vous donner satisfaction actuellement, les wagons de votre Administration ne sont, en effet, pas munis de conduite pour le frein continu et nous sommes, par conséquent, obligés de les mettre en queue des trains. Les manœuvres à faire pour ajouter au train le wagon venant des Docks sont, par suite, trop longues et compliquées pour que nous puissions les effectuer sans gêner notre service.

Je profite de l'occasion pour vous demander de faire munir les wagons postaux de conduite blanche pour le frein continu, de manière que nous puissions les intercaler dans les trains et nous conformer aux prescriptions règlementaires.

Il faudrait de plus que ces wagons soient pourvus de ferrures pour signaux d'angle.

Lorsque ces aménagements auront été faits, il nous sera possible d'amener aux Docks les wagons postaux. Mais j'estime que ces manœuvres, qui sont en dehors du service des trains réguliers, doivent être rémunérées et je vous proposerai de taxer l'emploi de la machine de manœuvre à 4 francs la demi-heure.

Veuillez agréer, Monsieur le Directeur, l'assurance de mes sentiments distingués.

L'Ingénieur en chef, Directeur de l'Exploitation,

Signé : LE BOURHIS.

N° 1881

Hanoi, le 3 septembre 1904

M. Hollard, chef du Service des Postes et des Télégraphes p. i. *à Monsieur l'Ingénieur en chef de la Compagnie des Chemins de fer de l'Indochine et du Yunnan,*

Hanoi.

Monsieur l'Ingénieur,

En réponse à votre lettre du 10 août dernier (n° 3889), j'ai l'honneur de vous faire connaître que deux wagons G. F. munis de conduites blanches pour frein continu, les nos 1114 et 1115, viennent d'être affectés au service postal.

Je vous serai en conséquence obligé de vouloir bien donner les ordres nécessaires pour que nous puissions, lorsque les besoins du service l'exigeront, envoyer le wagon poste aux Docks pour prendre le courrier de France.

En ce qui concerne la rémunération de 4 fr. la demi-heure pour manœuvre de la machine, je l'accepte bien que la trouvant un peu élevée.

En fin de mois vous voudrez bien, le cas échéant, m'adresser une facture en double expédition indiquant pour chaque déplacement le temps employé par la machine de manœuvre avec le montant de la dépense.

Lorsque le total de la facture s'élèvera à cinq piastres ou au dessus, une des deux expéditions devra être timbrée.

Il reste bien entendu que nous ne demanderons l'envoi de notre wagon aux Docks que dans des cas d'absolue nécessité. Le receveur des Postes de Haiphong préviendra d'ailleurs le Chef de gare de cette ville suffisamment à temps pour que ce dernier puisse prendre les dispositions nécessaires pour l'envoi de la machine de manœuvre et de notre wagon,

Veuillez agréer Monsieur l'Ingénieur, l'assurance de ma considération très distinguée.

Signé : HOLLARD.

N° 522

Hanoi, le 4 février 1922

Monsieur le Directeur des Postes et Télégraphes,

Hanoï.

Monsieur le Directeur,

J'ai l'honneur de vous faire connaître que, en raison des circonstances actuelles, (taux de la piastre, hausse des matières, etc) nous avons été amenés à reviser nos tarifs de manœuvres. Le prix de 4 francs la demi heure que nous vous facturons pour frais de manœuvre de wagons postaux (votre lettre n° 1881 du 3 septembre 1904) est devenu insuffisant.

Dans ces conditions, j'ai l'honneur de vous proposer de prendre comme prix de base, le prix de 0 $ 75 la demi heure, prix qui correspond à celui que nous facturons à nos propres services, augmenté de 10 % pour frais généraux.

Je vous serais obligé de vouloir bien me faire connaître si vous acceptez ce nouveau prix, qui serait applicable à partir du 1er février 1922.

Veuillez agréer, Monsieur le Directeur, l'assurance de ma considération distinguée.

Signé : HILAIRE.

N° 48-R

Hanoi, le 6 février 1922.

Le Directeur p. i. des Postes et des Télégraphes de l'Indochine,

à Monsieur le Directeur de la Compagnie Française des Chemins de fer de l'Indochine et du Yunnan, Hanoi.

Monsieur le Directeur,

En réponse à votre lettre n° 522 du 4 février courant, j'ai l'honneur de vous faire connaître que j'accepte le prix de base de 0 $ 75 la demi-heure pour frais de manœuvre des wagons-postaux à partir du 1er février 1922.

Veuillez agréer, Monsieur le Directeur, l'assurance de ma considération très distinguée.

Signé : LORANS.

B. — Conventions pour le transport des colis postaux sur le chemins de fer de l'Indochine et du Yunnan

1° — Convention du 4 avril 1912

Entre M. Vialet, Directeur Général des Postes et des Télégraphes de l'Indo-Chine agissant pour le compte du Gouvernement Général de l'Indo-Chine,

Et M. Le Bourhis, Ingénieur en Chef, Directeur de l'Exploitation des Chemins de fer de l'Indo-Chine et du Yunnan, agissant au nom de la Compagnie des Chemins de fer de l'Indo-Chine et du Yunnan et sous réserve de l'approbation de M. le Gouverneur Général de l'Indo-Chine,

Il a été convenu ce qui suit :

1o — Les colis postaux transportés sur la ligne de Haïphong-Lao-Kay, de la Compagnie Française des Chemins de fer de l'Indo-Chine et du Yunnan, ne sont acceptés par la Compagnie que comme colis ordinaires et sont taxés, au profit de la Compagnie, quelle que soit la distance parcourue, à 0 f 08, par kilogramme, pour les colis postaux échangés dans le service intérieur de la Colonie et à 0 f 06 par kilogramme, pour les colis postaux échangés dans le service extérieur ou en transit.

Les colis échangés « en service » au cours d'enquête, etc... sont transportés en franchise insérés dans les sacs de dépêches.

Il est interdit d'expédier par colis postal des matières explosibles, inflammables, dangereuses ou infectes et des articles prohibés par les lois ou règlements de douane ou autres, notamment des monnaies d'argent et de l'opium.

Les colis expédiés en nombre sont renfermés dans des paniers plombés ou scellés à la cire. Les colis voyageant en petit nombre peuvent être contenus dans des sacs plombés ou scellés.

Ceux que leur forme ou leurs dimensions, dont nulle ne pourra dépasser 1 m 50, empêcheraient d'être introduits dans les paniers ou les sacs, voyagent à découvert entourés d'un ficelage retenu par un plomb et revêtus d'une étiquette indiquant le bureau de destination.

2o — Le transport des paniers est fixé, tant à l'aller qu'au retour, au profit de la Compagnie, à raison de 0 f 01 le kilogramme. Toutefois ce tarif sera porté à 0 f 02 pour les paniers vides dont le poids au mètre cube d'encombrement serait inférieur à 50 kilogrammes sans que, dans aucun cas, la taxe à percevoir puisse être supérieure à celle qui résulterait de l'application du tarif de 0 f 01 par kilogramme, au poids fictif calculé à raison de 50 kilogrammes par mètre cube.

Le poids à vide des paniers employés par l'Administration des Postes de l'Indo-Chine, est reconnu contradictoirement au moment de leur mise en service. Ce poids pourra toutefois être revisé si la Compagnie le demande. Le poids, pour un panier de 1 m 00 × 0 m 70 × 0 m 70 au maximum, ne pourra pas exéder 20 kilogrammes.

3o — Les paniers de colis postaux transitant par le Tonkin, à destination ou en provenance du Yunnan, sont remis au départ à la Compagnie en gare de Haiphong et de Laokay par le service des Postes de l'Indochine. Les feuilles de route, les bulletins d'expédition et les déclarations en douane concernant ces colis postaux sont soit renfermés dans les paniers, soit acheminés sur leur destination par les soins de l'Administration des Postes, sans intervention de la Compagnie.

Le poids des paniers indiqué sur l'étiquette, l'état des plombs ou sceaux, le nombre et l'état des colis dits « en dehors » sont reconnus contradictoirement entre l'agent de la Compagnie qui prend livraison des colis postaux et l'agent des Postes qui établit une réquisition de transport.

Les colis sont livrés par la Compagnie à l'arrivée en gare de Haiphong ou Laokay à l'agent des Postes de l'Indochine, qui, après vérification contradictoire avec l'agent de la Compagnie de l'état des plombs ou sceaux, du nombre et de l'état des colis dits « en dehors », donne décharge à la Compagnie.

Dans le cas des rupture de sceaux ou plombs, ou s'il y a trace d'avarie des paniers, sacs ou colis « en dehors », reconnaissance contradictoire est faite du contenu du panier, des sacs ou colis à l'aide de la feuille de route communiquée par le Service des Postes, de manière à établir, sans discussion possible, quels sont les colis manquants ou avariés s'il y en a, et, pour ces derniers, quelles sont ces avaries. Un procès-verbal est établi et signé de part et d'autre.

Les colis postaux sont transportés dans les délais les plus courts fixés par les règlements généraux pour les transports à grande vitesse.

Les paniers contenant les colis postaux de transit à destination du Yunnan sont remis en gare de Laokay par l'agent des Postes de l'Indochine à l'agent des Postes Chinoises chargé d'effectuer la réception, sans que, de ce chef, la Compagnie puisse encourir aucune responsabilité.

4o) — La Compagnie n'a aucune formalité douanière à accomplir, soit à la frontière, soit aux divers bureaux de Douane Chinois ou Indochinois, en ce qui concerne les colis postaux ; ces formalités sont remplies au départ, à l'arrivée et aux frontières, par les Administrations des Postes de l'Indochine ou de la Chine.

5o) — Les paniers contenant les colis postaux originaires ou à destination des bureaux du Tonkin sont remis à la Compagnie, dans les gares expéditrices, par le Service des Postes ; et délivrés par la Compagnie dans les gares destinataires à l'agent de ce même service.

Dans certaines localités où il n'existe pas de bureau de poste à proximité de la gare, les paniers ou sacs de colis postaux et les colis "en dehors" peuvent être expédiés et reçus par les entrepreneurs de transport ou toutes autres personnes autorisées à cet effet par l'Administration des Postes.

Tout ce qui est dit au § 3, au sujet du plombage et scellage des paniers, sacs ou colis à découvert et de leur reconnaissance au départ et à l'arrivée s'applique également aux transports à l'intérieur du Tonkin.

6o — Les paniers doivent être conditionnés de manière à éviter les avaries pouvant résulter des manutentions en cours de route.

La Compagnie sera toutefois responsable des avaries qui seront reconnues comme ayant été causées en cours de transport par la faute de ses agents ou de son matériel.

7o — En cas de perte, de spoliation ou d'avarie, la responsabilité de la Compagnie, si elle est établie, est limitée aux indemnités qui seront finalement mises à la charge de l'Administration des Postes sans toutefois que cette responsabilité de la Compagnie puisse comporter pour elle le paiement d'indemnités supérieures aux maxima actuellement fixés par les règlements postaux pour les colis ordinaires sans valeur déclarée.

8o — Les transports de paniers de colis postaux de toute nature et de paniers vides en retour, sont effectués en débet.

Tous les mois, la Compagnie établit le décompte des sommes qui lui sont dues ; ces comptes doivent être réglés dans le plus bref délai possible et au plus tard dans le délai prévu par la convention internationale pour le règlement des frais de transport, c'est à dire avant l'expiration d'un délai de 3 mois après réception du décompte. Passé ce délai les sommes dues à la Compagnie sont productives d'intérêt à raison de 5 o/o l'an.

9o — La présente Convention sera mise à exécution à la date dont les parties contractantes conviendront par échange de lettres, et demeurera en vigueur pendant un temps indéterminé ; toutefois les parties contractantes se réservent la faculté d'y apporter, à toute époque, les modifications que, d'un commun accord, elles jugent nécessaires, ou même d'y mettre fin sur un avis donné six mois au moins à l'avance.

Le Directeur Général,
des Postes et des Télégraphes
de l'Indochine.
Signé : VIALET.

Compagnie française des Chemins de fer
de l'Indochine et du Yunnan.
Pour procuration du Directeur Général
Le Directeur de l'Exploitation.
Signé : LE BOURHIS

No 4462 approuvé :
Hanoi, le 4 avril 1912
Le Gouverneur Général de l'Indochine
Signé : SARRAUT.

2° — Convention du 21 avril 1921 (remplaçant celle du 4 avril 1912)

Entre :

Monsieur Hollard, Directeur des Postes et Télégraphes de l'Indochine, agissant pour le compte du Gouvernement Général de l'Indochine,

et Monsieur Hilaire, Directeur p. i. de l'Exploitation des Chemins de fer de l'Indochine et du Yunnan, agissant au nom de la Compagnie Française des Chemins de fer de l'Indochine et du Yunnan,

et sous réserve de l'approbation de M. le Gouverneur Général de l'Indochine,

Il a été convenu ce qui suit :

1°) — Les colis postaux transportés sur la ligne de Haiphong-Laokay de la Compagnie Française des Chemins de fer de l'Indochine et du Yunnan ne sont acceptés par la Compagnie que comme colis ordinaire et sont taxés au profit de la Compagie, quelle que soit la distance parcouru, à 0$027 (*Vingt sept millièmes de piastre*) par kilog. pour les colis postaux échangés dans le service intérieur de la Colonie et à 0$02 (*Deux centièmes de piastre*) par kilogramme pour les colis postaux échangés dans le service extérieur ou en transit.

Les colis échangés « en service » au cours d'enquête, etc. . . . . sont transportés en franchise insérés dans les sacs de dépêches.

Il est interdit d'expédier par colis postal des matières explosibles, inflammables, dangereuses ou infectes et des articles prohibés par les Lois ou Règlements de Douane ou autres notamment des monnaies d'argent et de l'opium.

Les colis expédiés en nombre sont renfermés dans des paniers plombés ou scellés à la cire. Les colis voyageant en petit nombre peuvent être contenus dans les sacs plombés ou scellés.

Ceux que leur forme ou leurs dimensions — dont nulle ne pourra dépasser 1m 50 — empêcheraient d'être introduits dans les paniers ou les sacs, voyagent à découvert entourés d'un ficelage retenu par un plomb et revêtus d'une étiquette indiquant le bureau de destination.

2o) — Le transport des paniers est fixé, tant à l'aller qu'au retour, au profit de la Compagnie, à raison de 0 $ 003 *(trois millièmes de piastre)* le kilogramme.

Toutefois ce tarif sera porté à 0 $ 007 *(sept millièmes de piastre)* pour les paniers vides dont le poids au mètre cube d'encombrement serait inférieur à 50 kilogrammes, sans que, dans aucun cas, la taxe à percevoir puisse être supérieure à celle qui résulterait de l'application du tarif de 0 $ 003 par kilogramme, au poids fictif calculé à raison de 50 kilogrammes par mètre cube.

Le poids à vide des paniers employés par l'Administration des Postes de l'Indochine est reconnu contradictoirement au moment de leur mise en service. Ce poids pourra toutefois être revisé si la Compagnie le demande. Le poids pour un panier de 1 m 00 × 0 m 70 × 0 m 70 au maximum ne pourra pas excéder 20 kilogrammes.

3o) — Les paniers de colis postaux transitant par le Tonkin à destination ou en provenance du Yunnan sont remis au départ à la Compagnie en gare de Haiphong et de Lao-kay par le Service des Postes de l'Indochine. Les feuilles de route, les bulletins d'expédition et les déclarations en douane concernant ces colis postaux sont soit renfermés dans les paniers, soit acheminés sur leur destination par les soins de l'Administration des Postes, sans intervention de la Compagnie.

Le poids des paniers indiqué sur l'étiquette, l'état des plombs ou sceaux, le nombre et l'état des colis dits « en dehors » sont reconnus contradictoirement entre l'agent de la Compagnie qui prend livraison des colis postaux et l'agent des Postes qui établit une réquisition de transport.

Les colis sont livrés par la Compagnie à l'arrivée en gare de Haiphong ou Laokay à l'agent des Postes de l'Indochine qui, après vérification contradictoire avec l'agent de la Compagnie de l'état des plombs ou sceaux, du nombre et de l'état des colis dits « en dehors », donne décharge à la Compagnie.

Dans le cas de ruptures des sceaux ou plombs, ou s'il y a trace d'avarie des paniers, sacs ou colis « en dehors », reconnaissance contradictoire est faite du contenu du panier, des sacs ou colis à l'aide de la feuille de route communiquée par le Service des Postes, de manière à établir, sans discussion possible, quels sont les colis manquants ou avariés s'il y en a, et, pour ces derniers, quelles sont ces avaries. Un procès-verbal est établi et signé de part et d'autre.

Les colis postaux sont transportés dans les délais les plus courts fixés par les Règlements Généraux pour les transports à Grande Vitesse.

Les paniers contenant les colis postaux de transit à destination du Yunnan sont remis en gare de Laokay par l'agent des Postes de l'Indochine à l'agent des Postes Chinoises chargé d'effectuer la réception, sans que, de ce chef, la Compagnie puisse encourir aucune responsabibilité.

4o — La Compagnie n'a aucune formalité douanière à accomplir soit à la frontière, soit aux divers bureaux de Douane, Chinois ou Indochinois, en ce qui concerne les colis postaux ; ces formalités sont remplies au départ, à l'arrivée et aux frontières par les Administrations des Postes de l'Indochine ou de la Chine.

5o — Les paniers contenant les colis postaux originaires ou à destination des bureaux du Tonkin sont remis à la Compagnie dans les gares expéditrices par le Service des Postes et délivrés par la Compagnie dans les gares destinataires à l'agent de ce même Service.

Dans certaines localités où il n'existe pas de bureau de poste à proximité de la gare, les paniers ou sacs de colis postaux et les colis « en dehors » peuvent être expédiés et reçus par les entrepreneurs de transport ou toutes autres personnes autorisées à cet effet par l'Administration des Postes.

Tout ce qui est dit au § 3 au sujet du plombage et scellage des paniers, sacs ou colis à découvert et de leur reconnaissance au départ et à l'arrivée, s'applique également au transport à l'intérieur du Tonkin.

6o — Les paniers doivent être conditionnés de manière à éviter les avaries pouvant résulter des manutentions en cours de route.

La Compagnie sera toutefois responsable des avaries qui seront reconnues comme ayant été causées, en cours de transport, par la faute de ses agents ou de son matériel.

7o — En cas de perte, de spoliation ou d'avarie, la responsabilité de la Compagnie, si elle est établie, est limitée aux indemnités qui seront finalement mises à la charge de l'Administration des Postes, sans toutefois que cette responsabilité de la Compagnie puisse comporter pour elle le paiement d'indemnités supérieures aux maxima actuellement fixés par les Règlements Postaux pour les colis ordinaires sans valeur déclarée.

8o — Les transports de paniers de colis postaux de toute nature et de paniers vides en retour, sont effectués en débet.

Tous les mois, la Compagnie établit le décompte des sommes qui lui sont dûes ; ces comptes doivent être réglés dans le plus bref délai possible et au plus tard dans le délai prévu par la Convention Internationale pour le règlement des frais de transport, c'est-à-dire avant l'expiration d'un délai de trois mois après réception du décompte. Passé ce délai, les sommes dûes à la Compagnie sont productives d'intérêt à raison de cinq pour cent (5o/o) l'an.

9o — La présente Convention sera mise à exécution à partir du seize juin mil neuf cent vingt & un et demeurera en vigueur pendant un temps indéterminé ; toutefois, les parties contractantes se réservent la faculté d'y apporter, à toute époque, les modifications que, d'un commun accord, elles jugent nécessaires ou même d'y mettre fin sur un avis donné six mois au moins à l'avance.

Lu et approuvé :
Hanoi, le 23 avril 1921
Signé : HOLLARD

Lu et approuvé :
Hanoi, le 21 avril 1921
Signé HILAIRE

Direction des Finances
Vu et Enregistré
Le 30 avril 1921
Sous le no 679.

Approuvé :
No 1618
Hanoi, le 22 mai 1921
P. le Gouverneur Général de l'Indo-Chine
et par délégation.
Le Secrétaire Général
du Gouvernement Général de l'Indo-Chine
Signé : René ROBIN

Direction du Contrôle Financier
d'Indo-Chine.
le 2 mai 1921 no 3745
Signé : Illisible

C. — Accord pour l'entretien des voitures postales appartenant à l'Administration des Postes et Télégraphes

No 2073-R

Hanoi, le 13 octobre 1914

Le Directeur des Postes et des Télégraphes de l'Indochine à Monsieur l'Ingénieur en Chef du Trafic et Mouvement de la Compagnie des Chemins de fer de l'Indochine et du Yunnan, Hanoi.

Monsieur,

J'ai l'honneur de vous prier de vouloir bien me faire connaitre si votre Compagnie accepterait de se charger de la surveillance et de l'entretien des voitures postales effectuant le parcours Hanoi-Haiphong.

A diverses reprises, ces voitures, munies d'un appareil de freinage spécial à votre Compagnie, ont chauffé en cours de route et le service des chemins de fer du nord qui ne possède pas le matériel convenable n'a pu faire les essais et vérifications nécessaires.

Il est bien entendu que faculté vous serait laissée de facturer les réparations reconnues indispensables.

Veuillez agréer, Monsieur, l'assurance de ma considération très distinguée.

Signé : HOLLARD.

No 5354

Hanoi, le 14 octobre 1914.

Monsieur le Directeur des Postes et des Télégraphes de l'Indochine Hanoi.

Monsieur,

En réponse à la lettre n° 2073 R. que vous avez adressée le 13 courant à notre Ingénieur Chef du Trafic et Mouvement, j'ai l'honneur de vous faire connaitre que notre Compagnie consent à se charger de la surveillance et de l'entretien des voitures postales effectuant le parcours entre Hanoi et Haiphong aux conditions suivantes :

1o) L'entretien courant (visites périodiques) et le graissage seront assurés moyennant une redevance forfaitaire de 25 francs par an et par voiture.

2o) Les réparations d'atelier que doivent subir annuellement les voitures et sur lesquelles nous ne pouvons vous donner aucune indication, seront facturées au prix de revient, majoré des frais généraux appliqués à tous les travaux exécutés dans nos Ateliers.

Je vous serais obligé de vouloir bien me faire connaitre si vous acceptez ces conditions et, dans l'affirmative, de nous indiquer à partir de quelle date nous aurons à assurer l'entretien de ces voitures.

Veuillez agréer, Monsieur, l'assurance de ma considération la plus distinguée.

Le Directeur p. i. *de l'Exploitation*
Signé : CHEMIN DUPONTÈS.

N° 2099-R

Hanoi, le 16 octobre 1914

Le Directeur des Postes et des Télégraphes de l'Indochine à Monsieur le Directeur de l'Exploitation de la Compagnie des Chemins de Fer de l'Indochine et du Yunnan, Hanoi.

Monsieur le Directeur,

J'ai l'honneur de vous accuser réception de votre correspondance N° 5354 du 14 courant relative à l'entretien et à la surveillance des voitures postales effectuant le parcours entre Hanoi et Haiphong, et de vous faire connaitre que j'accepte les conditions proposées dans votre lettre précitée.

Je vous prie de vouloir bien donner les instructions utiles afin que ce service soit effectué à compter de ce jour.

Veuillez agréer, Monsieur le Directeur, l'assurance de ma considération très distinguée.

Signé : HOLLARD

N° 356

Hanoi, le 21 janvier 1919.

Monsieur le Directeur des Postes et des Télégraphes de l'Indochine, Hanoi.

Monsieur le Directeur,

J'ai l'honneur de vous faire connaitre que l'entretien courant (visites périodiques) et le graissage des voitures postales ont été assurés depuis octobre 1914 moyennant une redevance forfaitaire de 25 francs par an et par voiture, conformément aux conditions fixées par notre note 5354 du 14 octobre 1914.

Cette redevance est devenue insuffisante par suite de l'augmentation du taux de piastre et du relèvement du prix des matières ; nous devons la porter jusqu'à nouvel avis à 50 francs par voiture.

Je vous prierai de bien vouloir m'adresser votre accord à ce sujet.

Veuillez agréer, Monsieur le Directeur, l'assurance de ma considération très distinguée.

Le Directeur de l'Exploitation,
Signé : CHEMIN DUPONTES.

N° 24 R

Hanoi, le 23 janvier 1919.

Le Directeur des Postes et des Télégraphes de l'Indochine à Monsieur le Directeur de l'Exploitation des Chemins de Fer du Yunnan, Hanoi.

Monsieur le Directeur,

J'ai l'honneur de vous accuser réception de votre lettre no 356 du 21 courant.

La majoration du taux d'entretien des voitures de 25 à 50 francs, justifiée par les circonstances actuelles, ne soulève, par ailleurs, aucune objection de ma part.

Veuillez agréer, Monsieur le Directeur, l'assurance de ma considération très distinguée.

Signé : HOLLARD.

D. — Convention pour la mise en marche des trains spéciaux postaux d'urgence entre Haiphong et Hanoi approuvée par le Gouverneur Général le 17 octobre 1920.

En dehors des trains spéciaux mis en marche dans les conditions prévues à l'article 46 de son Cahier des Charges, la Compagnie consent à mettre en marche, au départ des gares où existe un dépôt de machines, sur la demande du Service des Postes, pour le transport des dépêches postales, des trains spéciaux d'urgence.

Ces trains devront être prêts à partir une demi-heure après la remise de la demande au Chef de gare, lorsque le dépôt disposera d'une machine en feu ; dans le cas contraire, ils seront formés aussitôt que le dépôt aura pu mettre une locomotive en pression ou qu'il pourra faire repartir une loco ayant assuré un train. Ils seront ensuite expédiés dès que le permettront les circulations déjà engagées sur la voie ; mais ils auront, en principe, la priorité sur tous les trains autres que les trains réguliers de voyageurs.

Dans le cas où ils n'auraient pu être annoncés régulièrement, leur marche sera subordonnée aux Règlements d'Exploitation et aux Ordres de Service fixant les conditions de circulations des trains spéciaux non annoncés.

Leur vitesse sera celle des trains de voyageurs et les arrêts dans les gares seront réduits au minimum nécessaire pour le service de sécurité ou celui de la locomotive.

La rétribution à payer à la Compagnie sera fixée comme suit :

0$50 par kilomètre parcouru en simple traction et 0$85 par kilomètre parcouru en double traction pour les trains circulant, sur chaque section comprise entre deux gares principales (Haiphong — Gia-Lâm — Hanoi — Viétri — Yên-Bay — Pho-Moi — Lao-Kay), entre 6 h. 30 et 20 h. ;

0$85 par kilomètre parcouru en simple traction et 1$20 par kilomètre parcouru en double traction pour les trains circulant, sur chaque section comprise entre deux gares principales, entre 20 h. et 6 h. 30.

La Compagnie pourra utiliser ces trains pour le transport, à son bénéfice, de voyageurs de toutes classes et de marchandises.

Chacune des parties se réserve le droit de dénoncer à son gré la présente Convention moyennant préavis de six mois.

Le Directeur de l'Exploitation,
Signé : CHEMIN DUPONTÈS.

Vu et soumis à l'approbation
de Monsieur le Gouverneur Général.
A Hanoi, le 2 octobre 1920.
L'Inspecteur Général des Travaux Publics,
Signé : BONNEAU.

Direction des Finances
Vu et enregistré le 7 octobre 1920, sous le nº 1436.

Nº 3032. — Approuvé :
Hanoi, le 17 octobre 1920.
Le Gouverneur Général de l'Indochine,
Signé : LONG.

E.) — **Convention du 17 septembre 1923 avec l'Administration des Postes et Télégraphes au sujet de la fourniture de wagons pour transport de dépêches postales.**

Entre les soussignés :

Monsieur Lorans, Directeur *p. i.* des Postes et Télégraphes de l'Indochine, agissant au nom et pour le compte de cette Administration, sous réserve de l'approbation du Gouverneur Général de l'Indochine,

et

Monsieur G. Chemin Dupontès, Directeur de l'Exploitation de la Compagnie Française des Chemins de fer de l'Indochine et du Yunnan, agissant au nom et pour le compte de la dite Compagnie,

Il a été convenu ce qui suit :

Les wagons dont aura besoin l'Administration des Postes et Télégraphes pour le transport de ses dépêches postales, au Tonkin, seront fournis par la Compagnie, sur la demande de cette Administration, aux prix du tarif ci-dessous :

PARCOURS	PAR WAGON ET PAR KILOMÈTRE	
	Wagons à marchandises de 10 tonnes de chargement maximum	Fourgons G. V. et wagons à marchandises de 20 tonnes de chargement maximum
Sur la 1re zône de Haiphong à Yên bay .	0 $ 15	0 $ 30
Sur la 2e zône de Yên-bay à Lao kay . .	0 $ 17	0 $ 34

Cette convention aura son effet à compter du 1er septembre 1923.

Lu et approuvé :
Hanoi, le 25 août 1923.
Le Directeur p. i.
des Postes et des Télégraphes
de l'Indochine.
Signé : LORANS.

Lu et approuvé :
Hanoi, le 24 août 1923.
Le Directeur de l'Exploitation,
Signé : CHEMIN DUPONTÈS.

Vu et soumis à l'approbation
de Monsieur le Gouverneur Général,
à Hanoi, le 4 septembre 1923.
L'Inspecteur Général des Travaux Publics,
Signé : POUYANNE.

N° 3234. — Approuvé :
Hanoi, le 17 septembre 1923.
P. le Gouverneur Général de l'Indochine,
Par délégation :
Le Secrétaire Général
du Gouvernement Général
de l'Indochine,
Signé : René ROBIN.

Direction des Finances.
Vu et enregistré,
le 8 septembre 1923, sous le n° 1837.

Visé au Contrôle Financier,
le 15 septembre 1923, sous le n° 8316

CHAPITRE III

CONVENTIONS AVEC LE GOUVERNEMENT CHINOIS ET LES ADMINISTRATIONS CHINOISES

I. — GOUVERNEMENT CHINOIS

A. — **Règlement franco-chinois signé à Pékin le 29 octobre 1903.**

Les 19 et 20 de la 3me Lune de la 24me année Kouang-Siu, correspondant aux 9 et 10 avril 1898, des dépêches ont été échangées entre M. Dubail, chargé d'Affaires de la République Française à Pékin, et le Tsong-li-Yamen.

Il est écrit dans ces dépêches ce qui suit :

I. — Le Gouvernement Chinois accorde au Gouvernement Français ou à la Compagnie Française que celui-ci désignera, le droit de construire un chemin de fer allant de la frontière du Tonkin à Yunnan-Fou, le Gouvernement Chinois n'ayant d'autre charge que de fournir le terrain pour la voie et ses dépendances.

II. — Le tracé de cette ligne est étudié en ce moment et sera ultérieurement fixé d'accord entre les deux Gouvernements.

III. — Un règlement sera fait d'accord.

Dans la dépêche du Tsong-li-Yamen il est écrit que ces conventions sont destinées à resserrer les liens d'amitié qui unissent la France et la Chine, et que ces deux nations devront affermir les bonnes relations qui existent entre elles et écarter à tout jamais toute cause de conflit.

En conséquence, le Gouvernement Français a désigné, pour construire et exploiter le chemin de fer du Tonkin à Yunnan-Fou, la « *Compagnie Français des chemins de fer de l'Indochine et du Yunnan* » qui a été constituée par les plus importants établissements financiers de France.

Le tracé du chemin de fer a été d'autre part étudié par le Gouvernement Français et en suite par la Compagnie Française des chemins de fer de l'Indochine et du Yunnan.

En exécution des conventions rappelées ci-dessus, les Hautes Autorités contractantes ont, d'un commun accord, arrêté le présent règlement, dans le but d'écarter à tout jamais toute cause de conflit et d'assurer l'exécution des travaux et l'exploitation du chemin de fer dans des conditions satisfaisantes pour tous.

Article premier

Le tracé du chemin de fer à construire entre la frontière du Tonkin et Yunnan-Fou partira de Ho-Kéou et passera par où près de Mongtzé pour aboutir à Yunnan-Fou.

Si, par la suite, la nécessité est reconnue par le Gouvernement Français d'apporter quelques modifications au tracé ci-dessus indiqué, il en sera donné connaissance auxHautes Autorités de la province du Yunnan par dépêches officielles du Consul Général de France en résidence dans cette province. Après examen, de concert avec les Ingénieurs, des propositions soumises, et lorsqu'il aura été reconnu qu'il n'existe pas d'inconvénient, il sera répondu immédiatement par les Hautes Autorités du Yunnan au Consul Général de France par voie de dépêche officielle donnant le consentement nécessaire; alors les modifications pourront être effectuées.

En cas de désaccord entre les Hautes Autorités de la province du Yunnan et le Consul Général de France, il sera statué par accord entre la Légation de la République Française à Pékin et le Wai-ou-Pou.

Article 2

Lorsque les agents des travaux auront arrêté d'une manière définitive le plan de détail du chemin de fer, ils dresseront une carte détaillée du tracé, et ils y indiqueront d'une façon précise les emplacements des gares et des chantiers.

Les terrains nécessaires à la construction des gares, chantiers, ateliers, magasins, en un mot tout ce qui est désigné sous le nom de dépendances, seront indiqués bien clairement par leurs dimensions et l'on mentionnera l'usage qui doit en être fait. Cet usage sera uniquement pour les besoins du chemin de fer et l'on ne prendra de ces terrains que la partie strictement nécessaire pour le but proposé. On s'attachera à occuper en toute première ligne les terres du Domaine. On fera également le possible pour éviter les pagodes et les sépultures ainsi que les habitations et les jardins maraichers.

Les plans seront remis en double expédition au fur et à mesure de l'achèvement des études par l'intermédiaire du Consul Général de France aux Hautes Autorités du Yunnan, afin que celles-ci puissent faire l'acquisition des terrains nécessaires. Un de ces exemplaires sera rendu par les Hautes Autorités au Consul Général après avoir été revêtu des cachets du Gouvernement Provincial.

Un exemplaire sera conservé dans les archives. D'autre part, les terrains étant remis au fur et à mesure dans les délais prescrits à l'article 3, quand la remise complète en aura été effectuée, on pourra alors commencer les travaux.

Article 3

Le Consul Général de France fera connaître, au fur et à mesure des besoins, par lettres officielles aux Hautes Autorités du Yunnan, les terrains qui seront nécessaires à la voie ferrée et à ses dépendances et dont les emprises auront été arrêtées par les Ingénieurs des travaux comme il est dit à l'article 2.

Les terrains appartenant au Domaine Impérial devront être remis immédiatement.

« Les terrains appartenant à des particuliers seront achetés par les « Hautes Autorités Provinciales de manière qu'ils soient chaque fois « livrés au plus tard dans un délai de six mois, après que les lettres « officielles demandant leur remise auront été transmises par le Consul « Général de France ».

Pour éviter toute contestation entre l'Administration du chemin de fer et les anciens propriétaires du sol, des doubles des actes de vente seront remis par les Autorités provinciales à l'Administration du chemin de fer. Dans ces actes, les propriétaires et locataires des terrains devront déclarer qu'ils ont été indemnisés de tous les dommages que la construction du chemin de fer pourrait leur occasionner. Les modèles de ces actes seront arrêtés d'un commun accord entre les Hautes Autorités Provinciales et le Consul Général de France.

Les agents du chemin de fer feront creuser des rigoles délimitant les terrains ainsi remis.

Article 4

Latéralement aux emprises de la voie ferrée, il pourra être établi un chemin de service de deux à trois mètres de largeur pour la circulation du personnel du chemin de fer employé aux études et aux travaux de construction, pour la préparation des travaux, ainsi que pour le transport des outils, des machines et des matériaux. Ce chemin, sur lequel pourra être installée une voie ferrée provisoire, sera établi de manière à causer le moins de dommage possible aux propriétés privées.

Les constructeurs auront de même la faculté d'établir des chemins de service pour conduire aux carrières, pour l'extraction et le transport des matériaux et pour l'accès des chantiers du chemin de fer et de ses dépendances.

Les terrains nécessaires à l'établissement de ces chemins seront remis par les Autorités Provinciales dans les mêmes conditions que les terrains nécessaires à l'établissement de la voie ferrée et de ses dépendances. Si les terrains nécessaires à l'établissement des chemins de service sont loués à des particuliers, la location en sera payée par la Compagnie et, les travaux terminés, les terrains seront rendus à leurs propriétaires.

Article 5

Les travaux commenceront à Ho-Kéou, mais il est décidé, dès à présent, que les chantiers pourront être ouverts en même temps sur le parcours de la voie partout où il sera nécessaire, aux points indiqués par les ingénieurs, comme par exemple pour la construction des ponts, le percement des tranchées et tunnels, les terrassements de toutes sortes, l'édification des gares et les autres chantiers.

Article 6

La largeur de la voie entre les bords intérieurs des rails sera de 1 mètre (un mètre).

Article 7

Dans son parcours, la voie ferrée ne pourra, dans aucun cas, causer des dommages aux murs des fortifications des villes, aux établissements publics, aux postes importants de la défense du pays.

Si l'on rencontre des rivières ou des canaux d'irrigation, il y aura lieu de les respecter soit en construisant des ponts, soit en installant des conduites de manière à assurer leur écoulement de la façon la plus appropriée et à ne pas causer de gène à l'agriculture. Ces travaux seront à la charge des constructeurs.

Article 8

Pour les matériaux nécessaires à la construction, il y aura tout lieu de faire usage, autant que possible, de ceux qui se trouvent dans le pays.

Les Autorités Locales feront leur possible pour y aider et les agents des travaux pourront s'adresser à ces Autorités pour en faire fixer le prix d'un commun accord d'après les prix du jour dans les localités considérées.

Mais les constructeurs conserveront la faculté de traiter directement avec les marchands pour l'achat de ces matériaux. Ils pourront faire enregistrer ces marchés par les mandarins locaux, afin de prévenir toute fraude et d'éviter toute contestation sur l'exécution des contrats. Les prix fixés seront payés par les constructeurs.

Les constructeurs auront, bien entendu, la faculté de se pourvoir ailleurs qu'en Chine quand ils ne trouveront pas sur place les matériaux et fournitures nécessaires, ou quand les détenteurs locaux exigeront un prix dépassant le prix courant.

Article 9

En ce qui concerne l'extraction des pierres et du sable des carrières ainsi que la fourniture des bois des forêts, on informera par avance les Autorités Locales qui, après avoir reconnu la possibilité, donneront, dans le plus bref délai possible, les terrains nécessaires à cette extraction s'ils sont situés sur les terres du Domaine.

Quant aux forêts, lors même qu'elles seraient propriété domaniale, il faudra négocier l'achat des coupes avec les Autorités Locales.

Mais si ces emplacements sont situés sur des propriétés privées, les matériaux devront être achetés soit après entente avec les Autorités Locales, soit après marché direct passé avec les propriétaires.

Les prix fixés seront payés par les constructeurs.

Article 10

Tous les terrains qui seront seulement utilisés pendant la construction de la voie ferrée, comme par exemple les chantiers et dépôts de matériaux, les chemins pour les transports de matériaux, et les accès aux chantiers, les carrières, les dépôts de terre, les emplacements pour extraire les terres, les logements provisoires des ouvriers et agents de construction, les établissements nécessaires seulement pendant la construction, seront immédiatement restitués aux Autorités du Yunnan au fur et à mesure de leur inutilité.

Les Autorités les rendront alors à leurs propriétaires.

Article 11

Quand la voie principale sera terminée, si les deux parties considèrent qu'il y a avantage, on pourra, après accord avec les Hautes Autorités du Yunnan, et entente entre le Ministre de France à Pékin et le Wai-wou-Pou sur la façon de procéder, construire des embranchements se rattachant à la ligne principale.

Article 12

Les ingénieurs, les conducteurs, les contre-maitres des travaux, de même que tous les agents spécialistes, pourront être recrutés parmi les étrangers. Le reste des travailleurs de toute sorte sera recruté avant tout parmi les gens de la Province. Dans le cas où les travailleurs du Yunnan ne seraient pas assez nombreux, ou bien si les salaires exigés par eux étaient par trop élevés, les constructeurs pourront engager des ouvriers chinois des autres provinces.

Dans le but d'empêcher que des agitateurs ne puissent ainsi s'introduire dans la province, les ouvriers chinois venus des autres provinces, de même que ceux recrutés au Yunnan, devront se présenter aux Autorités Locales pour se faire immatriculer.

Les différents prix et salaires à la journée ou à la tâche seront fixés d'une façon équitable. Ils seront payés soit chaque jour, soit à intervalles fixes, suivant entente entre les constructeurs et les ouvriers.

Dans les cas d'une élévation successive des prix ou de coalition des ouvriers chinois, on s'adressera aux Autorités Locales qui feront tout ce qui dépendra d'elles pour aider et fixer les salaires d'accord avec les agents du chemin de fer et pour tranquilliser la population.

Si, les Autorités Locales ayant fixé un prix, les ouvriers chinois continuent à refuser de s'engager, les Autorités Locales ayant constaté le fait, la Compagnie sera alors autorisée à faire appel à des ouvriers étrangers.

Article 13

Les employés et ouvriers chinois au service du chemin de fer seront traités avec bienveillance. Ceux qui seront malades recevront des soins médicaux et des médicaments. Ceux qui, au cours des travaux, seraient blessés ou rendus infirmes, seront secourus largement, de même que les familles de ceux qui seraient tués par accident.

Article 14

Les agents, employés et ouvriers dans les chantiers de construction, seront tous placés sous l'autorité et sous la surveillance de l'Ingénieur en Chef et de ses représentants autorisés. Ils ne pourront être maltraités. Toutes les questions et affaires de procès, litiges, meurtres, vols, querelles et rixes qui s'élèveront entre les ouvriers chinois seront du ressort des Autorités Locales compétentes qui enquêteront et puniront les coupables selon la loi. Si l'un quelconque de ces individus doit être jugé et puni, les agents du chemin de fer devront le remettre aussitôt qu'ils seront informés par les Autorités Locales et ils ne pourront s'opposer à l'action de la justice en le couvrant de leur protection.

Les Autorités Locales devront, de même, à la requête des agents Européens, arrêter et punir selon les lois tous les agents chinois qui se seront rendus coupables de crimes, de vols ou de méfaits envers les agents étrangers.

Si, parmi les agents étrangers, il s'en trouve qui offensent les convenances ou enfreignent les règlements, il devra leur être appliqué les articles des traités. Les ouvriers chinois et étrangers ainsi que les agents, sans distinction de nationalité, ne pourront arbitrairement s'introduire dans le domicile d'autrui et y soulever des incidents avec la population. Ceux qui enfreindraient cette disposition, seront conformément à la loi, sévèrement punis.

Tout achat d'objets ou de vivres devra être payé équitablement aux prix du marché.

Article 15

Dans le but de garantir la tranquillité sur les chantiers, la Compagnie, d'accord avec le Haut Fonctionnaire résidant à Mongtzé, pourra enrôler à ses frais des miliciens indigènes et faire choix de chefs de police chinois ou européens qui les commanderont et choisiront les points importants où ces troupes de police devront être placées en vue de maintenir l'ordre ; dans le cas où ces milices indigènes seraient impuissantes, les Hautes Autorités du Yunnan devront, sur la requête qui leur sera adressée par les agents de la Compagnie, expédier sur les lieux des détachements de soldats réguliers. Les milices enrolées par la Compagnie n'auront d'autre rôle que d'exercer la police sur les chantiers et parmi les ouvriers exclusivement.

Après l'achèvement de la voie, ces miliciens pourraient être employés à l'entretien de la voie aux frais de la Compagnie. Dans tous les cas, la protection des travaux contre tout trouble de la population appartient aux Autorités de la province sous leur seule responsabilité.

La Compagnie ne pourra, à aucun titre, appeler des *troupes européennes*.

Article 16

Lorsque les agents du chemin de fer arriveront au Yunnan; le Vice-Consul de Ho-Kéou en informera le Vice-Commissaire de la frontière qui réside dans cette ville. Celui-ci délivrera, dans les trois jours, aux intéressés, des passeports temporaires qui leur permettront de pénétrer sur le territoire du Yunnan. Lorsque les agents seront arrivés à Mongtzé, le Taotaï des Douanes fera rédiger, dans les trois jours, un véritable passeport qui sera substitué au premier. Les agents munis d'un tel passeport conforme au règlement, recevront, dans tous leurs déplacements, une complète protection de la part des Autorités Locales; mais les Autorités ne veulent prendre aucune responsabilité envers toute personne qui ne serait pas munie d'un pareil passeport.

Article 17

Lorsque les agents des travaux entreront au Yunnan, leurs noms devront être transcrits en caractères chinois et portés par les Consuls à la connaissance des Hautes Autorités de la province. Il sera tenu, de part et d'autre, un registre sur lequel ces noms ne pourront par la suite être changés sous aucun prétexte.

Toute mutation, tout changement de résidence des agents devra être légalement porté à la connaissance des Autorités, dans le but de faciliter les recherches en temps et lieu.

Les noms portés sur les registres devront être identiques à ceux inscrits sur les passeports. Il ne devra y avoir aucune divergence.

Article 18

Pour les locations de maisons à faire dans le voisinage de la voie ferrée pour les agents des travaux, on devra aviser officiellement les Autorités Locales, puis négocier avec les propriétaires des maisons. Une copie du contrat de location devra être envoyée aux Autorités Locales qui la conserveront dans leurs archives.

Article 19

Lorsque les agents du chemin de fer procèderont à leurs opérations ils devront, de même que les ouvriers, ménager les propriétés privées. Quand des dommages auront été causés, soit aux constructions, soit aux cultures, il sera procédé à une expertise avec les Autorités Locales, et l'on fixera de concert le montant de l'indemnité à verser de manière à montrer envers la population une réelle bienveillance.

Article 20

Les règlements douaniers interdisent, en principe, l'importation des poudres et matières explosives. Cependant comme ces produits sont d'un usage indispensable pour la construction d'une voie ferrée, il convient d'apporter un tempérament au règlement et d'en permettre l'entrée. Il sera de toute nécessité de faire à la Douane, en temps voulu, déclaration des quantités de poudre et d'explosifs que l'on entre et après qu'il aura été procédé à l'examen des produits, on choisira, d'accord avec les Autorités Locales, les lieux appropriés pour y construire des magasins de dépôt, afin de prévenir tout accident.

S'il est plus avantageux de fabriquer ces produits sur place, il devra en être fait part à l'avance aux Hautes Autorités du Yunnan qui, après avoir reconnu qu'il n'y a pas d'inconvénient, accorderont la permission d'établir des ateliers spéciaux, et qui désigneront des délégués pour surveiller en commun la fabrication et la contrôler. Que ces explosifs soient importés ou fabriqués sur place, on devra, dans tous les cas, les limiter aux quantités strictement nécessaires.

Il sera ouvert un registre spécial où seront consignées dans le plus grand détail, les quantités exactes de ces produits existant en magasin. Chaque mois, les Autorités Locales feront une inspection et adresseront un rapport. Cette poudre et ces explosifs seront strictement employés aux travaux du Chemin de fer et il ne pourra en être vendu. Toutes les précautions de prudence seront prises afin qu'il ne puisse en résulter aucun inconvénient pour la population. Si, par accident, on blesse des personnes ou du bétail, si on détériore des immeubles, on devra, en tenant compte des circonstances, verser une indemnité ou donner des secours.

Article 21

Quand le Chemin de fer aura été fini et qu'il fonctionnera, les droits d'importation et d'exportation seront perçus sur les marchandises importées et exportées conformément au tarif. Les marchandises expédiées vers l'intérieur, ayant payé le droit de transit, ne seront plus susceptibles d'aucune taxe aux bureaux de Likin ; mais elles paieront les droits de Douane et de Likin aux bureaux de Douane et de Likin si elles n'ont pas acquitté le droit de transit.

La Chine devra plus tard étudier la question d'augmenter les bureaux de Douane pour faciliter la vérification. Plus tard, quand les règlements d'augmentation des droits de Douane auront été arrêtés, les marchandises transportées sur la ligne devront être traitées, conformément à ces nouveaux tarifs.

Article 22

Les machines, fournitures et matériaux nécessaires à la construction et à l'exploitation du Chemin de fer ne seront soumis à aucun droit de Douane à l'importation. Ces objets feront, lors de leur entrée, l'objet d'une déclaration à la première station chinoise pourvue d'un bureau de Douane, sans toutefois que les constructeurs soient tenus de transporter le matériel au delà du point où il doit être employé.

Cette déclaration mentionnera le nombre et la nature des objets importés.

Article 23

Les tarifs des voyageurs et des marchandises seront fixés par la Compagnie concessionnaire.

Les dépêches et lettres officielles expédiées par les Hautes Autorités Chinoises, ainsi que les sacs de correspondance postale de l'Administration des Postes Impériales Chinoises, ainsi qu'un convoyeur, seront transportées gratuitement dans des trains réguliers.

La Poste Chinoise pourra louer à la Compagnie un wagon pour le transport des lettres ou préparer elle-même un wagon spécial que la Compagnie devra annexer aux convois. Elle pourra, à n'importe quel moment, faire partir un train spécial postal.

Le prix de location d'un wagon postal sera la moitié du prix des wagons de voyageurs.

Ce prix ne pourra plus être réduit.

Pour expédier un train spécial postal, il faudra un certificat des Hautes Autorités du Yun-nan. Le prix en sera spécialement réduit. Le prix ne pourra excéder un franc cinquante centimes par kilomètre parcouru en traction simple et deux francs cinquante centimes par kilomètre parcouru en traction double. Il est entendu en outre qu'on devra se conformer aux règlements postaux en vigueur en Chine.

Si le Gouvernement Chinois a à faire des envois de troupes de toutes sortes, d'armes, de munitions et d'approvisionnements pour les dites troupes ou de secours en nature pour être distribués gratuitement (en cas de famine ou autres désastres), ces envois devront passer avant tout autre transport et les prix seront de moitié de ceux du tarif ordinaire. Cette réduction ne s'appliquera pas aux troupes voyageant en quatrième classe.

Article 24

La présente voie ferrée ayant uniquement pour but de favoriser le commerce, une fois qu'elle sera achevée et que la circulation des trains aura commencé, il ne sera pas permis de l'employer au transport du sel annamite et des troupes européennes, ou des armes de guerre ou munitions pouvant servir aux dites troupes européennes. Elle ne pourra pas transporter des objets interdits par les lois Chinoises.

Si la Chine a une guerre avec l'étranger, ce chemin de fer ne pourra pas observer les règles de la neutralité, il sera à l'entière disposition de la Chine.

Article 25

Il sera versé au Gouvernement Chinois par l'Administration du Chemin de fer une somme de *vingt francs par kilomètre* de chemin de fer en construction ou en exploitation, et par an, pour lui tenir compte des frais de surveillance.

Article 26

Lorsque la voie ferrée sera achevée il devra, autant que possible, être fait exclusivement usage de Chinois pour les gardes de la voie et les ouvriers chargés de son entretien. On chargera dans chaque localité un des plus anciens, le plus digne de confiance, d'opérer les engagements de façon à ce que les individus ainsi engagés soient des personnes paisibles et honnêtes.

Chacun des employés sera, dans le but de faciliter leur contrôle, muni par les Autorités Locales d'une carte qui sera demandée à celles-ci par le notable chargé de les recruter.

Article 27

Si, au cours de l'exploitation du chemin de fer, des dommages étaient causés aux propriétés ou si des blessures étaient occasionnées aux individus par des accidents imputables à la Compagnie exploitante, celle-ci devra allouer des secours ou verser des indemnités pour réparer le préjudice causé par son fait.

Il en sera de même des dommages ou des blessures causés par une conduite défectueuse des trains mis en circulation avant l'achèvement complet des travaux.

Article 28

Il pourra être fondé aux frais de la Compagnie des écoles spéciales où seront instruits les Chinois pour former des interprètes et des agents techniques.

Par la suite, quand l'Administration du chemin de fer aura besoin de personnel, elle devra choisir, tout d'abord, parmi les élèves formés par ces écoles.

Article 29

L'Administration du chemin de fer pourra, à mesure de l'ouverture de ses chantiers, construire la ligne télégraphique ou téléphonique qui doit accompagner la voie ferrée. Ces lignes seront uniquement pour le service du chemin de fer et ne pourront recevoir ni expédier les télégrammes du public.

Article 30

Toutes les questions relatives au chemin de fer qui exigeront entente avec les Hautes Autorités Provinciales seront discutées entre le Consul Général de France et les Hautes Autorités Provinciales.

Il est entendu que, lorsqu'il s'agira de questions techniques, on s'en tiendra aux décisions des Ingénieurs.

Article 31

Lorsque les travaux de la voie seront commencés, avis en sera donné par lettres officielles du Consul Général aux Hautes Autorités du Yunnan, et celles-ci désigneront immédiatement une haute personnalité officielle dans le but de s'aboucher, sur toute l'étendue de la voie, avec les agents du chemin de fer, pour régler, de concert avec eux, les affaires concernant l'exécution des travaux, d'après l'entente intervenue entre le Consul Général et les Hautes Autorités Provinciales. Celles-ci consentent également à déléguer un certain nombre de fonctionnaires auxquels elles donneront pour instructions d'assister les agents pour les aider dans leurs travaux. S'il se présente des complications avec les gens du pays, ces délégués auront le devoir de les régler, de concert avec les Autorités Locales, de façon à ce que, dans la population, il ne puisse naître aucune méprise, ni s'engager aucune querelle.

Si les incidents prennent un caractère de gravité et ne peuvent être réglés sur les lieux d'une façon satisfaisante, un rapport sera dressé pour permettre aux autorités du Yunnan de régler la chose avec le Consul Général de France. Si la question excède les pouvoirs des Hautes Autorités elle sera portée à Pékin où elle sera réglée entre le Gouvernement Chinois et le Ministre de France.

Article 32

Pendant la construction il sera versé mensuellement aux Hautes Autorités du Yunnan une somme de quatre mille quatre cent cinquante taëls pour subvenir aux frais d'entretien, de déplacements du Haut Fonctionnaire résidant à Mongtze, de deux Mandarins sous ses ordres, s'occupant, l'un des terrains, et l'autre de la justice dans cette même ville, d'un fonctionnaire leur correspondant près des Hautes Autorités Provinciales à Yunnan-Fou, de douze délégués désignés par la province pour aider à la construction de la voie, de dix chefs de police et de deux cent quarante hommes de garde, d'un interprète et de tous fonctionnaires subalternes.

Article 33

Le présent règlement, quand il aura été approuvé par le Gouvernement Chinois, constituera la règle définitive à laquelle seront soumises toutes les questions concernant la construction et l'exploitation du chemin de fer.

Article 34

Le Gouvernement Chinois, au bout de quatre-vingts ans, pourra entamer des négociations avec le Gouvernement Français pour reprendre la voie et toutes les propriétés s'y rattachant, moyennant le remboursement intégral des frais de construction, de la main-d'œuvre industrielle, ainsi que des garanties d'intérêt payées et les dépenses de toute nature imputables au chemin de fer.

Si à cette époque les dits frais, valeurs et dépenses ont été intégralement remboursés par les revenus de la ligne, la ligne et toutes ses dépendances pourront être remises gratuitement entre les mains des Autorités du Yunnan qui en prendront la direction. Pour l'évaluation des frais de construction et tous autres, on prendra comme base les comptes budgétaires français établis au moment où les négociations prévues ci-dessus s'engageraient pour estimer si la Chine avait ou non à effectuer éventuellement un paiement avant d'entrer en possession du chemin de fer.

Fait et signé au Ministère des Affaires Etrangères à Pékin, en quatre originaux, le vingt-neuf Octobre mil neuf cent trois (dixième jour de la neuvième lune de la vingt neuvième année Kouang-Siu) par leurs Excellences, Monsieur Sien-Fang, Secrétaire de l'Etat au Ministère des Affaires Etrangères de Chine et Monsieur Pierre René Georges Dubail, Envoyé Extraordinaire et Ministre Plénipotentiaire de la République en Chine.

B. — Convention de Police signée à Yunnan-Fou le 15 mars 1910.

Article premier

Sur la ligne du chemin de fer du Yunnan, à l'intérieur des frontières de l'Empire Chinois, c'est-à-dire de Ho-K'éou à Yunnan-Fou, en vue de faciliter la recherche et l'arrestation des malfaiteurs et la répression des troubles, les Hautes Autorités provinciales ont décidé d'établir, dans chaque division, des postes de police, destinés à assurer le maintien de l'ordre dans le pays, ainsi que la tranquillité et la protection du chemin de fer. Les Hautes Autorités Provinciales et le Délégué du Ministère des Affaires Etrangères de France ont, en conséquence, établi le présent Règlement de police du chemin de fer.

Article 2

La Chine établira des postes de polices à chaque station dans les conditions fixées par l'accord intervenu au mois d'octobre 1909, huitième lune de la 1re année Siuen-T'ong. Si, en dehors des emprises du chemin de fer, il n'y a pas d'emplacement possible, le Délégué Chinois s'entendra avec un Délégué de la Compagnie pour choisir, à l'intérieur des emprises concédées pour la gare, un terrain destiné à la construction des postes. En cas de désaccord, l'affaire serait réglée à Yunnan-Fou entre le Commissaire des Relations Internationales et le Consul de France, Délégué du Ministère des Affaires Etrangères au Yunnan.

La Compagnie autorisera, au moment de l'arrivée des trains, la présence à l'intérieur des gares du chef de poste de police et de deux agents qui pourront examiner et surveiller ; mais le rôle de ces agents de police sera exclusivement d'arrêter les malfaiteurs ou les gens ayant commis des crimes en Chine. Dans le cas où des agents se trouveraient en présence d'une bande importante de malfaiteurs, ils pourront en même temps qu'ils avertiront le chef de gare, faire appel aux autres agents du poste ainsi qu'aux soldats de police ambulante, qui pourront alors pénétrer dans la gare. Cette mesure aura évidemment un caractère tout à fait exceptionnel.

Article 3

Si un agent de la Compagnie est soupçonné d'avoir transgressé les lois, sans que la preuve de sa culpabilité soit acquise, il appartiendra au chef de la police locale de s'entendre avec le chef de gare en vue de l'enquête nécessaire à l'établissement des faits.

Si un employé chinois de la Compagnie commet un méfait, la police, pour pouvoir l'arrêter et l'interroger, devra immédiatement aviser le chef de gare qui lui remettra le coupable.

Dans le cas où des malfaiteurs auraient pénétré dans les bâtiments de la gare, la police devra, aussitôt informée, avertir le chef de gare et pourra pénétrer ensuite dans les bâtiments en question pour y procéder à une enquête ; le chef de gare ne pourra pas s'y opposer ni protéger les malfaiteurs.

Article 4

Au moment de l'arrivée des trains, les soldats de police devront empêcher les porteurs de bagages de voyageurs de causer du trouble ou du scandale. Si dans l'avenir le trafic des voyageurs et des marchandises l'exige la Compagnie pourra engager des porteurs à son service pour le transport des bagages des voyageurs à l'intérieur de la gare ; la dite Compagnie devra dans ce cas se conformer à l'article 12 de la Convention de 1903 (29e année Kouang-Siu) et notamment recruter pour cet emploi des gens de la province offrant les garanties nécessaires ; leurs noms et prénoms seront inscrits dans un livret qui sera remis au chef de la police locale, lequel examinera les coolies en question et leur permettra de remplir cet emploi, ceci afin d'éviter que les malfaiteurs ne viennent se mêler à eux. Ces coolies ne pourront être employés au transport des bagages qu'à l'intérieur des gares.

Article 5

Si sur la plateforme il survient des éboulements, tremblements de terre, inondations, affaissements de terrain, etc., détruisant les ponts et obstruant la voie, la police devra, dès qu'elle s'en sera aperçue, le faire savoir à la Compagnie afin que celle-ci puisse procéder aux réparations nécessaires.

Article 6

Lorsqu'un vol sera commis dans les gares, la Compagnie pourra demander à la police d'examiner l'affaire et de procéder à une enquête. Les objets volés, une fois retrouvés, seront, quelle que soit leur valeur, remis à la Compagnie qui les reconnaîtra et en prendra charge. Quant aux voleurs arrêtés, si ce sont des Chinois ou des ressortissants d'une nation n'ayant pas de convention avec la Chine, ils seront remis aux Autorités locales et jugés selon la loi chinoise. Si ce sont des étrangers dont le pays a des conventions avec la Chine ils seront traités conformément à l'article 10.

Article 7

Si des Chinois causent un dommage au train, à la plateforme ou à la ligne télégraphique, la police devra immédiatement les en empêcher ; si l'enquête relève des preuves réelles de dégâts, la police informera les Autorités locales qui procèderont à l'arrestation des coupables et poursuivront ceux-ci suivant la loi ; il sera interdit de transiger moyennant indemnité. Enfin, la police fera connaître immédiatement au chef de gare l'endroit où les dégâts auront été commis.

Article 8

Les agents des gares au service de la Compagnie devront, suivant les stipulations de l'art. 17 de la Convention du Chemin de fer adresser leurs noms à leurs Consuls ; ceux-ci les traduiront en chinois, en feront des listes qu'ils adresseront soit au Commissaire des Relations Internationales à la capitale de la province, soit au Tao-Tai de la Douane à Mong-Tseu. Ces derniers les transmettront au Commissaire de la police du Chemin de fer, qui les fera parvenir à chaque poste, afin que la protection puisse être assurée.

La Compagnie devra en outre faire la liste de tous les employés et ouvriers chinois qu'elle occupe, y mentionner leurs noms et prénoms, et l'envoyer au poste de police de l'endroit qui la concernera. Les employés des gares devront être porteur d'un insigne, dont un modèle sera également envoyé à chaque poste de police, en vue du contrôle. Lorsqu'un agent européen voudra se rendre dans un endroit situé à plus de trente lis des limites du Chemin de fer il devra être protégé et escorté, en avisera le mandarin local qui examinera le passeport prévu par les traités ; faute de se conformer à cette stipulation, la police ne serait plus responsable de sa protection.

Article 9

Le bureau de police devra faire imprimer de nombreux exemplaires du présent règlement de police, les faire remettre aux Chefs de gare, afin que ceux-ci les portent à la connaissance des employés du Chemin de fer en les avertissant qu'ils doivent s'y soumettre et les observer.

Si des employés français ou protégés français commettent des actes contraires aux lois, le poste de police devra immédiatement en informer le Commissaire chinois chargé de la police de la ligne, qui examinera l'affaire et avertira le Commissaire des Relations Internationales ou le Tao-Tai de la Douane ; ceux-ci à leur tour en informeront le Consul par lettre officielle et règleront l'affaire conformément aux traités.

Si un employé chinois du Chemin de fer commet un délit de simple police, il sera passible d'une punition infligée par le Chef du Poste de police ; s'il s'agit d'une affaire de meurtre, on devra se conformer à l'art. 14 du règlement de la construction du Chemin de fer et remettre le coupable aux Autorités Locales qui le jugeront suivant la loi chinoise.

Si quelque Chinois, soit dans le train, soit dans la gare, transgresse le présent règlement, y commet quelque méfait sans que le Chef de police puisse le savoir, les Chefs de gare ou de train devront en informer ledit Chef de police ou lui remettre le malfaiteur. Les agents de la Compagnie ne pourront d'eux-mêmes punir celui-ci d'une manière quelconque.

Si des agents européens de la Compagnie commettent un méfait entraînant un dommage pour celle-ci, ils seront jugés par le Consul de France selon la loi française.

Article 10

Si des Français, protégés Français ou Etrangers appartenant à une nation ayant des conventions avec la Chine, commettent des actes nuisibles; le Chef de la police devra immédiatement le faire savoir au Chef de gare et procéder à leur arrestation ; en même temps, il devra faire en sorte d'envoyer le coupable soit à Yunnan-Fou, soit à Mongtseu, au Commissaire des Relations Internationales ou au Tao-Tai des Douanes qui le remettront immédiatement à son Consulat ; le coupable pourra également être remis à un agent du Consulat spécialement envoyé dans ce but, le tout par les moyens les plus rapides.

Dans le cas où des malfaiteurs monteraient ou se trouveraient dans le train, ou se cacheraient dans un des bâtiments de la gare, dès que la police en aura informé la Compagnie, celle-ci devra agir conformément au règlement et livrer les malfaiteurs ; elle ne devra ni les protéger ni empêcher leur arrestation.

Article 11

Il est dit dans la convention concernant la construction du Chemin de fer : « les trains de la Compagnie ne pourront pas transporter du « sel annamite, des troupes européennes ou des armes de guerre ou « des munitions pouvant servir aux dites troupes européennes ; ils ne « pourront non plus transporter des objets interdits par les lois « chinoises ».

Il va de soi qu'à la frontière la Douane examine et inspecte la nature des bagages et marchandises transportés ; mais, comme il pourrait se produire de la contrebande intérieure, les agents de police devront exercer une surveillance à cet égard ; toutefois cette surveillance ne pourra avoir lieu qu'à la sortie de la gare.

Si l'on sait d'une manière certaine qu'il y a des articles de contrebande dans le train, la police devra en aviser le Chef de gare et pourra, avec lui, faire les recherches nécessaires.

Il appartiendra aux fonctionnaires de la frontière de réclamer aux étrangers pénétrant en Chine leur passeport pour l'examiner ; si parmi ces étrangers il y en a qui ne sont pas en règle, il appartiendra à la police de procéder à une enquête à leur égard.

Les étrangers porteurs d'armes de défense ou de chasse qui auront adressé une demande au Tao-Tai de la Douane et auront obtenu l'autorisation nécessaire sous forme de permis énumératif, pourront pénétrer en Chine avec ces armes ; s'ils n'ont pas d'autorisation, la police devra les interroger, retenir leurs armes et faire son rapport.

Aucun voyageur chinois, sauf ceux ayant un caractère officiel, n'a le droit de porter une arme apparente ou des munitions ; le cas échéant, la police devra procéder à la confiscation des articles prohibés.

Article 12

S'il survient une dispute entre voyageurs chinois et employés de la Compagnie, le Chef de la police et le Chef de gare essaieront d'arranger l'affaire ensemble et à l'amiable.

Si l'acte est très grave, l'officier de police devra en outre adresser un rapport au Commissaire chinois chargé de la police de la ligne, qui préviendra le Commissaire des Relations Internationales ou le Tao-Tai de la Douane ; ceux-ci à leur tour adresseront une communication au Consul pour le règlement de l'affaire conformément aux traités.

Article 13

Les Agents de la Compagnie et les Chefs de police devront être en bonnes relations les uns avec les autres, et avoir des propos courtois les uns envers les autres. En cas de différend, une enquête serait faite par les Chefs des deux parties.

Fait quintuple à Yunnanfou le quinze mars mil neuf cent dix (cinquième jour de la deuxième lune de la 2e année Siuen-T'ong)

Signé : CHE-TSENG
Sceau du KIAO CHEU TSEU.

Signé : BOURGEOIS
Sceau du délégué du Ministère des Affaires Etrangères au Yunnan.

II — ADMINISTRATION DES DOUANES

A. — Règlement douanier de la station frontière de Hokéou

arrêté par le Directeur Général de la Compagnie et le Commissaire des Douanes a Mongtseu le 30 mars 1906

I. — DISPOSITION GÉNÉRALE

Article premier

Toutes les marchandises dont l'importation ou l'exportation sera faite par le chemin de fer seront soumises aux règlements généraux du service des Douanes Impériales Chinoises actuellement en vigueur, ainsi qu'aux modifications qui pourraient leur être apportées ultérieurement en ce qui n'est pas contraire au Règlement Franco-Chinois du Chemin de fer signé à Pékin, le 29 octobre 1903.

Article 2

Les opérations douanières en gare de Ho-Kéou auront lieu dans les limites de cette gare et de ses dépendances ; ces limites sont fixées, du côté de l'Indo-Chine, à la barrière établie sur le pont du Namti.

II. — IMPORTATIONS

A. — *Marchandises vérifiées à Hokéou.*

Article 3

Dans le délai de 36 heures après l'arrivée des wagons à la gare de Hokéou, le Chef de gare devra remettre à la Douane un manifeste signé de lui ou les déclarations émanant des expéditeurs, signalant en Français les marques, numéros, poids et contenu de chaque colis renfermé dans les wagons.

Article 4

Le Chef de gare ne laissera procéder à l'enlèvement des colis hors de la gare qu'après en avoir reçu l'autorisation du Service des Douanes, lequel devra se prononcer dans un délai de vingt quatre heures.

Article 5

Si les droits frappant certaines marchandises n'ont pas été acquittés dans le délai de sept jours après l'arrivée des marchandises à Ho-Kéou, le Chef de gare pourra remettre ces marchandises à l'Administration des Douanes qui en opèrera la confiscation, ou acquitter lui même, pour le compte des destinataires, les droits réclamés par le Service des Douanes.

B. — *Marchandises à vérifier au-delà de Ho-kéou.*

Article 6

En principe, le Service des Douanes devrait vérifier à Ho-Kéou toutes les marchandises importées par le Chemin de fer, cependant, si le Chef de gare en fait la demande, en l'accompagnant d'un manifeste pour chacune des gares auxquelles les marchandises sont destinées, le Service des Douanes en différera la vérification qui devrait avoir lieu à la frontière, plombera les wagons et autorisera leur départ.

III. — EXPORTATIONS

A. — *Marchandises chargées à Ho-Kéou.*

Article 7

Le Chef de gare de Ho-Kéou permettra le chargement, dans les wagons, des seules marchandises pour lesquelles l'Administration des Douanes aura donné cette autorisation, constatée par la délivrance d'un permis de chargement.

Article 8

Dans un délai de vingt-quatre heures, le Service des Douanes, après avoir reçu et vérifié le manifeste de la gare et les permis de chargement, délivrera, pour chaque expédition de marchandises, une quittance douanière, sans laquelle aucun colis ne pourra être expédié.

Article 9

Aucune quittance douanière n'est nécessaire pour la sortie des wagons vides. Toutefois, leur nombre et leur tonnage moyen sera trimestriellement communiqué au Service des Douanes.

B. — *Marchandises transitant par Ho-Kéou.*

ARTICLE 10

En principe, le Service des Douanes de Ho-Kéou devrait vérifier toutes les marchandises exportées par le Chemin de fer ; cependant, si le Chef de la gare en fait la demande, la Douane vérifiera le plombage des wagons arrivés sous plomb à Ho-Kéou et autorisera leur départ.

IV. — VÉRIFICATION DES BAGAGES

ARTICLE 11

Les bagages et les colis à la main des voyageurs seront vérifiés à Ho-Kéou, si le Service des Douanes l'exige. La Cie du Chemin de fer devra assurer le transport des bagages depuis les fourgons jusqu'à la halle de vérification

V. – CLAUSES DIVERSES

ARTICLE 12

Les conducteurs des trains recevront gratuitement les documents douaniers qui doivent accompagner la marchandise pour son parcours en Chemin de fer et que leur remettra le personnel des Douanes en Service dans les gares.

ARTICLE 13

Sur le vu d'une demande signée par le Commissaire des Douanes de Mongtzeu, la Cie autorisera le transport gratuit, à raison d'une personne par train, en 2e, 3e ou 4e classe suivant le grade, des agents des Douanes voyageant pour le service en ce qui intéresse le Chemin de fer, notamment pour le convoyage des wagons plombés par le Service des Douanes et circulant sous sa surveillance et sa responsabilité.

ARTICLE 14

Le voyage gratuit en 1re classe sera accordé au Commissaire des Douanes de Mongtzeu, ou à son délégué, au cours de leurs tournées d'inspection des bureaux secondaires.

Le présent règlement a été arrêté d'un commun accord par les soussignés, sous réserve de l'approbation de leurs Administrations respectives.

Fait double à Mongtzeu, le 30 mars 1906.

Compagnie Française des Chemins de fer de l'Indo-Chine et du Yunnan,
Le Directeur Général,
Signé : GETTEN.

Signé : BREWITT TAYLOR
Actg. Commissioner of Customs

No 647. — Approuvé.
Saigon, le 22 février 1908
Le Gouverneur Général de l'Indo-Chine,
Signé : BEAU.

B. — Règlement douanier de la gare de Mongtseu-Pisetchai arrêté par le Directeur Général de la Compagnie et le Commissaire des Douanes à Mongtseu le 24 janvier 1907

I. — DISPOSITIONS GÉNÉRALES

1o) — Toutes les marchandises dont l'importation ou l'exportation sera faite par chemin de fer seront soumises aux Règlements Généraux du Service des Douanes Impériales Chinoises actuellement en vigueur, ainsi qu'aux modifications qui pourraient leur être apportées ultérieurement en ce qui n'est pas contraire au Règlement Franco-Chinois du Chemin de fer, signé à Pékin, le 29 octobre 1903.

2o) — Les opérations douanières en gare de Mongtseu auront lieu dans les limites de cette gare et de ses dépendances.

II. — IMPORTATIONS

3o) Toutes marchandises provenant de l'étranger arrivant à Mongtseu via Hokéou, soit pour Mongtseu, soit pour les gares au-delà et qui n'auraient pas été vérifiées à Hokéou, doivent être contenues dans des wagons plombés par les soins de la Douane. Une fois ces wagons conduits sur les voies réservées au Service des Douanes, le Chef de gare en signalera l'arrivée à l'agent des Douanes, qui vérifiera leurs numéros et l'état de leurs plombs, contradictoirement avec le Chef de gare ou son délégué. Toute irrégularité sera immédiatement constatée.

4o) — Les manifestes accompagnant les wagons chargés et plombés qui arrivent de l'étranger via Hokéou sont remis aux agents des Douanes immédiatement après l'arrivée du train.

5o) — L'agent des Douanes est seul autorisé à enlever les plombs.

6o) — Le Chef de gare ne laissera procéder à l'enlèvement des colis provenant de l'étranger hors de la gare ou partir les wagons chargés de marchandises provenant de l'étranger qu'après avoir reçu l'autorisation du Service des Douanes, lequel devra se prononcer dans un délai de 24 heures.

III. — EXPORTATIONS

7o) — En ce qui concerne les marchandises destinées à l'exportation, à enregistrer pour les gares de l'Indo-Chine, le Chef de gare de Mongtseu-Pisetchai permettra le chargement dans les wagons, ou, dans le cas de marchandises provenant d'autres destinations, la continuation de leur route des seules marchandises pour lesquelles le Service des Douanes aura donné l'autorisation nécessaire, constatée par la délivrance d'un permis.

8o) — Dans un délai de vingt-quatre heures, le Service des Douanes, après avoir reçu et vérifié le manifeste de la gare et les permis, délivrera pour chaque expédition de marchandises destinées à l'exportation, à enregistrer pour les gares de l'Indo-Chine, une quittance douanière sans laquelle aucun colis ne pourra être expédié. Les wagons destinés à franchir la frontière seront, sur la demande du Chef de gare, plombés par les soins du Service des Douanes.

9o) — Aucune quittance n'est nécessaire pour la sortie des wagons vides.

IV. — DIVERS

10o — Si les droits frappant certaines marchandises n'ont pas été acquittés dans le délai de sept jours après l'arrivée des marchandises à Mongtseu, le chef de gare pourra remettre ces marchandises à l'Administration des Douanes, qui en opérera la confiscation, ou acquitter lui-même, pour le compte des destinataires, les droits réclamés par le Service des Douanes.

11o — Les Services des Douanes Chinoises et Indochinoises s'étant mis d'accord sur la reconnaissance mutuelle du plombage, le Service Chinois à Mongtseu établira une copie du manifeste des marchandises chargées dans les wagons destinés à franchir la frontière. Cette copie sera revêtue du timbre du bureau de Douane de Mongtseu ; elle sera de nouveau timbrée par le bureau de Douane de Hokéou après vérification du plombage. Il sera établi un manifeste par wagon.

12o — Les Articles nos 12, 13 et 14 du règlement douanier de Hokéou se rapportent également à Mongtseu et à toutes autres gares douanières de la ligne.

V. — BAGAGES

13o — Les bagages et les colis à la main seront tous visités au bureau des Douanes de Hokéou et ne seront par conséquent plus soumis à aucune visite à Mongtseu ou dans toutes autres gares douanières de la ligne.

Le présent Règlement a été arrêté d'un commun accord par les Soussignés, sous réserve de l'approbation de leurs Administrations respectives.

Fait en cinq exemplaires à Mongtseu, le 24 janvier 1907.

Cie Fe des chemins de fer de l'Indochine et du Yunnan ;
Le Directeur Général,
Signé : GETTEN.

Signé : BREWITT TAYLOR.
Actg. Commissioner of Customs,

No 647. = Approuvé :
Saigon, le 22 février 1908
Le Gouverneur Général de l'Indochine,
Signé : BEAU.

III. — ADMINISTRATION DES POSTES CHINOISES

A. — Convention du 16 avril 1912

entre la Compagnie Française des Chemins de fer de l'Indochine et du Yunnan à l'Administration des Postes de Chine pour le transport des colis postaux par ladite Compagnie.

Article premier

Dispositions Générales.

1o — La Compagnie Française des Chemins de fer de l'Indochine et du Yunnan entreprend le transport de colis postaux, qui lui seront remis par l'Administration des Postes de Chine dans n'importe quelle gare de son réseau au Yunnan, à destination de n'importe quelle autre gare dudit réseau au Yunnan, au prix de :

(a) 0 fr. 06 (six centimes), par kilogramme, pour les colis empruntant le réseau de la Compagnie, à la fois au Tonkin et au Yunnan ;

(b) 0 fr. 08 (huit centimes) par kilogramme, pour les colis n'empruntant que le réseau au Yunnan ;

2o — La Compagnie n'accepte de transporter ces colis que comme colis ordinaires sans valeur déclarée.

3o — La Compagnie sera en toutes circonstances et en tout temps tenue d'accepter pour transmission les colis postaux, qui lui seront remis par l'Administration des Postes de Chine. Toutefois, en cas d'interruption momentanée de la circulation, la Compagnie pourra différer l'acceptation et le transport des colis postaux jusqu'à la reprise partielle ou totale de la circulation.

4o — Lorsque, par suite d'une interruption partielle, l'Administration des Postes de Chine assurera par ses propres moyens le transport des colis postaux sur les sections où la circulation sera suspendue, la Compagnie, au moment de la remise des sacs ou paniers de colis postaux à l'Administration des Postes de Chine lui délivrera un bordereau stipulant le nombre des sacs ou paniers, ainsi que leur poids.

Les sacs ou paniers de colis postaux seront acceptés par la Compagnie sur le vu de ce bordereau sur les sections où les trains circuleront, sans que ces colis postaux puissent être assujettis au paiement d'aucune autre taxe, la taxe au départ couvrant le transport pour la totalité du parcours au Yunnan.

5o — Il est interdit d'expédier par colis postal des matières explosibles, inflammables, dangeureuses ou infectes et des articles prohibés par les lois ou règlements de Douane ou autres, notamment des finances, valeurs, opium.

Article 2

1o — Les colis expédiés en nombre sont renfermés dans des paniers plombés ou scellés à la cire. Les colis voyageant en petit nombre peuveut être contenus dans les sacs plombés ou scellés.

Ceux que leur forme ou leurs dimensions, dont nulle ne pourra dépasser 1 m 50, empêcheraient d'être introduits dans les paniers ou les sacs, voyagent à découvert, entourés d'un ficelage retenu par un plomb, et revêtus d'une étiquette indiquant le bureau de destination.

La taxe de transport des paniers vides en retour est fixée à 0 fr. 01 (un centime) le kilogramme, quelque soit le parcours au Yunnan. Toutefois, ce tarif sera porté à 0 fr. 02 (deux centimes) pour les paniers vides dont le poids au mètre cube d'encombrement serait inférieur à 50 kilogrammes, sans que, dans aucun cas, la taxe à percevoir puisse être supérieure à celle qui résulterait de l'application du tarif de 0 fr. 01 par kilogramme au poids fictif calculé à raison de 50 kilogrammes par mètre cube.

2o — Les sacs ou paniers de colis postaux ayant transité par le Tonkin, à destination du Yunnan, par les soins de l'Administration des Postes et Télégraphes de l'Indochine seront remis à la Compagnie en gare de Lao-Kay par l'Administration des Postes de Chine. Ces sacs ou paniers devront être plombés ou scellés à la cire et contenir une feuille de route donnant le détail des colis; les bulletins d'expédition et les déclarations de Douane des colis seront renfermés dans les sacs ou paniers ou bien acheminés à destination par les soins de l'Administration des Postes de Chine, sans intervention de la Compagnie.

Le poids des sacs ou paniers remis à la Compagnie, ainsi que l'état des plombs ou sceaux seront reconnus contradictoirement entre l'agent de la Compagnie et celui de l'Administration des Postes de Chine, qui établira une réquisition de transport pour la gare destinataire. Cette réquisition devra être rédigée en Français.

De même les paniers seront délivrés par la Compagnie à l'Agent de l'Administration des Postes de Chine à la gare destinataire. Cet Agent vérifiera simplement l'état des sacs ou paniers qui lui seront ainsi délivrés, ainsi que l'intégrité des plombs ou sceaux et en donnera décharge à la Compagnie.

Dans le cas où un plomb ou sceau serait endommagé, reconnaissance contradictoire sera faite du contenu du sac ou panier à l'aide de la feuille de route de manière à établir sans discussion possible, s'il y a des manquants. De même, au cas où les sacs ou paniers auraient subi une avarie en cours de route, quand bien même les plombs ou sceaux seraient intacts, reconnaissance du contenu sera faite d'une façon identique.

3o — Les sacs ou paniers de colis postaux ainsi que les paniers vides, devant transiter par le Tonkin seront remis à la Compagnie dans n'importe quelle gare de son réseau au Yunnan pour être délivrés en gare de Lao-Kay à l'Agent de l'Administration des Postes de Chine.

La remise des sacs ou paniers au départ, ainsi que la reconnaissance à l'arrivée auront lieu exactement dans les mêmes conditions que pour les colis postaux ayant transité au Tonkin à destination du Yunnan — ainsi qu'il est prévu au paragraphe 2, de l'article 2 de la présente convention,

4° — Les sacs ou paniers de colis postaux ne circulant qu'à l'intérieur du Yunnan seront remis à la Compagnie dans les gares expéditrices par l'Administration des Postes de Chine et délivrés dans les gares destinataires à l'Agent de cette même Administration. Tout ce qui a été dit au paragraphe 2 de l'article 2, de la présente Convention au sujet du plombage et scellage des sacs ou paniers, de leur reconnaissance au départ et à l'arrivée, etc . . s'appliquera également à ces transports intérieurs.

Article 3

Responsabilité de la Compagnie.

1o — La Compagnie ne pourra, sauf en cas de faute prouvée contre elle et provenant de ses agents ou de son matériel, être tenue responsable des casses, avaries ou autres dommages, qui auraient pu survenir en cours de route.

2o — Les sacs ou paniers devront être confectionnés avec des matériaux résistants et parfaitement conditionnés de manière à éviter les avaries pouvant résulter des manutentions en cours de route.

3o — En cas de perte, de spoliation ou d'avarie la responsabilité de la Compagnie, si elle est établie, est limitée aux indemnités qui seront finalement mises à la charge de l'Administration des Postes sans toutefois que cette responsabilité de la Compagnie puisse comporter pour elle le paiement d'indemnités supérieures aux maxima actuellement fixés par les règlements postaux pour les colis ordinaires sans valeur déclarée, à savoir :

a) 25 francs pour un colis international ;

b) 5 piastres pour un colis provenant de Chine.

De plus, les frais d'affranchissement afférant à un colis seront remboursés par la Compagnie lorsque l'Administration des Postes aura dû les rembourser à l'expéditeur.

Il est rappelé, à ce propos, que la Compagnie n'accepte les colis postaux que comme colis ordinaires sans valeur déclarée et que par conséquent c'est à l'Administration des Postes de Chine qu'il incombera de compléter l'indemnité aux ayants-droit des colis postaux qu'elle aura acceptés avec valeur déclarée.

Article 4

Mode d'expédition.

1o — Les colis postaux seront transportés par les trains réguliers de voyageurs partant dans les 24 heures de leur remise à la Compagnie.

2o — En cas de transbordement, la Compagnie assurera seule et sous sa seule responsabilité la manipulation des colis postaux, à condition que les sacs ou paniers ne dépassent pas 40 kilogrammes chacun. Les colis postaux devront être acheminés à destination aussi rapidement que possible.

3o — Les paniers vides seront retournés à destination aussi rapidement que s'ils étaient remplis.

Article 5

Formalités douanières.

La Compagnie n'aura aucune formalité douanière à accomplir soit à la frontière, soit aux divers bureaux des Douanes Chinoises ou Indochinoises, en ce qui concerne les colis postaux transportés pour le compte de l'Administration des Postes de Chine. Ces formalités seront remplies au départ, à l'arrivée et aux frontières par l'Administration des Postes de Chine.

Article 6

Règlement des frais de transport.

1o — Le transport des colis postaux et paniers vides sera effectué en débet.

2o — Tous les mois, la Compagnie établira le décompte de la totalité des sommes qui lui seront dues pour le transport des colis postaux pendant le mois écoulé d'après les réquisitions remises à elle par les Agents de l'Administration des Postes de Chine.

L'état récapitulatif des sommes dues sera adressé en triple exemplaire au Directeur des Postes pour la province du Yunnan à Yunnan-Fou. Celui-ci après vérification, en retournera dans les huit jours un exemplaire dûment approuvé ou rectifié à la Compagnie et ordonnancera immédiatement le paiement des sommes dues.

3o — Les comptes seront réglés dans les quinze jours suivant leur acceptation par le Directeur des Postes ; les sommes non payées porteront intérêt au profit de la Compagnie au taux de 1/2 o/o par période indivisible de 1 mois de retard.

4o — Les comptes seront réglés à Yunnan-Fou en piastres du Yunnan, en prenant pour taux de transformation des francs en piastres, le taux de la piastre de HongKong, le dernier jour du mois pour lequel les sommes seront dues.

Article 7

Clauses diverses.

1o — Le voyage gratuit en 1re classe sera accordé au Directeur des Postes ou son délégué au cours de leur tournée de service ou d'inspection des bureaux secondaires. Au cas où le délégué serait un indigène, le voyage sera accordé en 2e classe seulement.

Article 8

Durée de la Convention.

— Le présent arrangement sera mis à exécution à partir du jour dont conviendront la Compagnie et l'Administration des Postes de Chine. Il demeurera en vigueur pendant une durée indéterminée. Toutefois, les parties contractantes se réservent la faculté d'y apporter les modifications que d'un commun accord elles jugeront nécessaires d'y apporter, ou d'y mettre fin, par un avis donné six mois à l'avance.

La présente convention a été arrêtée d'un commun accord par les soussignés sous réserve de l'approbation de leurs Administrations respectives.

Pour la Compagnie Française
des Chemins de fer de l'Indochine
et du Yunnan.
L'Administrateur, Directeur Général,
Signé : M. GETTEN.
A Hanoi, le 25 avril 1912.

Pour l'Administration des Postes Chinoises :
Signé : KAUFMANN.

Le Directeur p. i.
des Postes au Yunnan,
A Yunnanfou, le seize avril 1912.
Le sceau officiel

N° 1775
Hanoi, le 4 mai 1912
P. Le Gouverneur Général de l'Indochine
Par délégation :
Le Secrétaire Général
du Gouvernement Général de l'Indochine,
Signé : MALAN.

B. — Convention entre la Compagnie Française des Chemins de fer de l'Indochine et du Yunnan et l'Administration des Postes de Chine pour le transport des colis postaux par ladite Compagnie, approuvée par le Gouverneur Général le 1er septembre 1921 et applicable à compter du 16 juin 1921.

Article premier

Dispositions générales.

1o) — La Compagnie Française des Chemins de fer de l'Indochine et du Yunnan entreprend le transport de colis postaux qui lui seront remis par l'Administration des Postes de Chine dans n'importe quelle gare de son réseau au Yunnan, à destination de n'importe quelle autre gare dudit réseau au Yunnan, au prix de :

a) 0 dollar 02 (deux cents) par kilogramme, pour les colis empruntant le réseau de la Compagnie, à la fois du Tonkin et au Yunnan ;

b) 0 dollar 027 (deux cents sept dixièmes) par kilogramme, pour les colis n'empruntant que le réseau au Yunnan.

2o) — La Compagnie n'accepte de transporter ces colis que comme colis ordinaires sans valeur déclarée.

3o) — La Compagnie sera, en toutes circonstances et en tout temps, tenue d'accepter pour transmission les colis postaux, qui lui seront remis par l'Administration des Postes de Chine. Toutefois, en cas d'interruption momentanée de la circulation, la Compagnie pourra différer l'acceptation et le transport des colis postaux jusqu'à la reprise partielle ou totale de la circulation.

4o) — Lorsque, par suite d'une interruption partielle, l'Administration des Postes de Chine assurera, par ses propres moyens, le transport des colis postaux sur les Sections où la circulation sera suspendue, la Compagnie, au moment de la remise des sacs ou paniers de colis postaux à l'Administration des Postes de Chine, lui délivrera un bordereau stipulant le nombre des sacs ou paniers, ainsi que leur poids.

Les sacs ou paniers de colis postaux seront acceptés par la Compagnie sur le vu de ce bordereau sur les Sections où les trains circuleront, sans que ces colis postaux puissent être assujettis au paiement d'aucune autre taxe, la taxe au départ couvrant le transport pour la totalité du parcours au Yunnan.

5o) — Il est interdit d'expédier par colis postal des matières explosibles, inflammables, dangereuses ou infectes et des articles prohibés par les lois ou règlements de Douanes ou autres, notamment des finances, valeurs, opium.

Article 2

1o) — Les colis expédiés en nombre sont renfermés dans des paniers plombés ou scellés à la cire. Les colis voyageant en petit nombre peuvent être contenus dans les sacs plombés ou scellés.

Ceux que leur forme ou leurs dimensions, dont nulle ne pourra dépasser 1 m. 50, empêcheraient d'être introduits dans les paniers ou les sacs, voyagent à découvert, entourés d'un ficelage retenu par un plomb et revêtus d'une étiquette indiquant le bureau de destination.

La taxe de transport des paniers vides en retour est fixée à 0 dollar 003 (trois dixièmes de cent) le kilogramme, quelque soit le parcours au Yunnan. Toutefois, ce tarif sera porté à 0 dollar 007 (sept dixièmes de cent) pour les paniers vides dont le poids au mètre cube d'encombrement serait inférieur à 50 kilogrammes, sans que, dans aucun cas, la taxe à percevoir puisse être supérieure à celle qui résulterait de l'application du tarif de 0 dollar 003 par kilogramme au poids fictif calculé à raison de 50 kilogrammes par mètre cube.

2o — Les sacs ou paniers de colis postaux ayant transité par le Tonkin à destination du Yunnan, par les soins de l'Administration des Postes et Télégraphes de l'Indochine, seront remis à la Compagnie en gare de Lao-Kay par l'Administration des Postes de Chine. Ces sacs ou paniers devront être plombés ou scellés à la cire et contenir une feuille de route donnant le détail des colis ; les bulletins d'expédition et les déclarations de douane des colis seront renfermés dans les sacs ou paniers ou bien acheminés à destination par les soins de l'Administration des Postes de Chine, sans intervention de la Compagnie.

Le poids des sacs ou paniers remis à la Compagnie, ainsi que l'état des plombs ou sceaux seront reconnus contradictoirement entre l'Agent de la Compagnie et celui de l'Administration des Postes de Chine, qui établira une réquisition de transport pour la gare destinataire. Cette réquisition devra être rédigée en Français.

De même, les paniers seront délivrés par la Compagnie à l'Agent de l'Administration des Postes de Chine à la gare destinataire. Cet Agent vérifiera simplement l'état des sacs ou paniers qui lui seront ainsi délivrés, ainsi que l'intégrité des plombs ou sceaux et en donnera décharge à la Compagnie.

Dans le cas où un plomb ou sceau serait endommagé, reconnaissance contradictoire sera faite du contenu du sac ou panier à l'aide de la feuille de route, de manière à établir, sans discussion possible, s'il y a des manquants. De même, au cas où les sacs ou paniers auraient subi une avarie en cours de route, quand bien même les plombs ou sceaux seraient intacts, reconnaissance du contenu sera faite d'une façon identique.

3o — Les sacs ou paniers de colis postaux, ainsi que les paniers vides devant transiter par le Tonkin, seront remis à la Compagnie dans n'importe quelle gare de son réseau au Yunnan pour être délivrés en gare de Lao-Kay à l'Agent de l'Administration des Postes de Chine.

La remise des sacs ou paniers au départ, ainsi que la reconnaissance à l'arrivée auront lieu exactement dans les mêmes conditions que pour les colis postaux ayant transité au Tonkin à destination du Yunnan, ainsi qu'il est prévu au paragraphe 2, de l'article 2 de la présente Convention.

4o — Les sacs ou paniers de colis postaux ne circulant qu'à l'intérieur du Yunnan seront remis à la Compagnie dans les gares expéditrices par l'Administration des Postes de Chine et délivrés dans les gares destinataires à l'Agent de cette même Administration. Tout ce qui a été dit au paragraphe 2, de l'article 2 de la présente Convention au sujet du plombage et scellage des sacs ou paniers, de leur reconnaissance au départ et à l'arrivée, etc... s'appliquera également à ces transports intérieurs.

Article 3

Responsabilité de la Compagnie.

1o — La Compagnie ne pourra, sauf en cas de faute prouvée contre elle et provenant de ses agents ou de son matériel, être tenue responsable des casses, avaries ou autres dommages qui auraient pu survenir en cours de route.

2o — Les sacs ou paniers devront être confectionnés avec des matériaux résistants et parfaitement conditionnés de manière à éviter les avaries pouvant résulter des manutentions en cours de route.

3o — En cas de perte, de spoliation ou d'avarie, la responsabilité de la Compagnie, si elle est établie, est limitée aux indemnités qui seront finalement mises à la charge de l'Administration des Postes, sans toutefois que cette responsabilité de la Compagnie puisse comporter pour elle le paiement d'indemnités supérieures aux maxima actuellement fixés par les Règlements postaux pour les colis ordinaires sans valeur déclarée, à savoir :

a) 25 francs pour un colis international ;

b) 5 dollars pour un colis provenant de Chine.

De plus, les frais d'affranchissement afférent au colis seront remboursés par la Compagnie lorsque l'Administration des Postes aura dû les rembourser à l'expéditeur.

Il est rappelé, à ce propos, que la Compagnie n'accepte les colis postaux que comme colis ordinaires sans valeur déclarée et que par conséquent c'est à l'Administration des Postes de Chine qu'il incombera de compléter l'indemnité aux ayants-droit des colis postaux qu'elle aura acceptés avec valeur déclarée.

Article 4

Mode d'expédition.

1o — Les colis postaux seront transportés par les trains réguliers de voyageurs partant dans les 24 heures de leur remise à la Compagnie.

2o — En cas de transbordement, la Compagnie assurera seule et sous sa seule responsabilité la manipulation des colis postaux, à condition que les sacs ou paniers ne dépassent pas 40 kilogrammes chacun. Les colis postaux devront être acheminés à destination aussi rapidement que possible.

3o — Les paniers vides seront retournés à destination aussi rapidement que s'ils étaient remplis.

Article 5

Formalités douanières.

La Compagnie n'aura aucune formalité douanière à accomplir soit à la frontière, soit aux divers bureaux des Douanes Chinoises ou Indochinoises, en ce qui concerne les colis postaux transportés pour le compte de l'Administration des Postes de Chine.

Ces formalités seront remplies au départ, à l'arrivée et aux frontières par l'Administration des Postes de Chine.

Article 6

Règlement des frais de transport.

1o) — Le transport des colis postaux et paniers vides sera effectué en débet.

2o) — Tous les mois, la Compagnie établira le décompte de la totalité des sommes qui lui seront dues pour le transport des colis postaux pendant le mois écoulé d'après les réquisitions remises à elle par les agents de l'Administration des Postes de Chine.

L'état récapitulatif des sommes dues sera adressé en triple exemplaire au Directeur des Postes pour la province du Yunnan à Yunnan-Fou. Celui-ci, après vérification, en retournera dans les huit jours un exemplaire dûment approuvé ou rectifié à la Compagnie et ordonnancera immédiatement le paiement des sommes dues.

3o) — Les comptes seront réglés dans les quinze jours suivant leur acceptation par le Directeur des Postes ; les sommes non payées porteront intérêt au profit de la Compagnie au taux de 1/2 o/o par période indivisible de un mois de retard.

4o) — Les comptes réglés à Yunnan-Fou en dollars, argent du Yunnan.

ARTICLE 7

Clauses diverses.

1o — Le voyage gratuit en 1re classe sera accordé au Directeur des Postes ou à son délégué au cours de leur tournée de service ou d'inspection des bureaux secondaires. Au cas où le délégué serait un indigène, le voyage sera accordé en 2e classe seulement.

ARTICLE 8

Durée de la Convention.

Le présent arrangement sera mis à exécution à partir du jour dont conviendront la Compagnie et l'Administration des Postes de Chine. Il demeurera en vigueur pendant une durée indéterminée. Toutefois, les parties contractantes se réservent la faculté d'y apporter les modifications que d'un commun accord, elles jugeront nécessaires d'y apporter ou d'y mettre fin, par un avis donné six mois à l'avance.

La présente Convention a été arrêtée d'un commun accord par les soussignés, sous réserve de l'approbation de leurs Administrations respectives.

Lu et approuvé :
Pour la Compagnie Française
des Chemins de fer de l'Indochine et du Yunnan.
P. le Directeur de l'Exploitation,
Signé : P. MOREAU

Pour l'Administration des Postes chinoises
Le Directeur,

No 2865. — Approuvé :
Hanoi, le 1er septembre 1921.
P. le Gouverneur Général et par délégation :
Le Secrétaire Général
du Gouvernement Général de l'Indochine,
ROBIN.

www.ingramcontent.com/pod-product-compliance
Ingram Content Group UK Ltd.
Pitfield, Milton Keynes, MK11 3LW, UK
UKHW022058260726
13993UKWH00001B/185